世界の科学研究から導き出した
コミュニケーションの大誤解

溝通大謬誤

科學剖析一般人對溝通方式的大誤解，
並提出失敗原因與解決之道

明治大學教授
堀田秀吾 著
涂紋凰 譯

晨星出版

前言　幸福、收入、溝通能力三者之間的關係

人類是社會性動物，與他人往來是天生的本能。所謂的社會，就是在人與人往來之下形成的，而人與人往來的方式就是溝通。本書不只會談「溝通」的方法，也會提及人際關係和待人處事等整體內容。溝通能力強的人，夥伴當然會比較多。除此之外，也有研究指出「善於社交的人比較容易獲得他人幫助」。

不需我多說，大家也知道，容易獲得幫助的人，以生物的角度來看，在生存競爭中取勝的機會比較大。一個人無法完成的事情，只要獲得旁人的協助，往往都可以成功。

這就是為什麼溝通能力強的人，身邊會有很多朋友，人生經驗也比較豐富。詳細內容我會在本文說明，不過在這裡我可以先說結論。現在已經有研究證實認為自己「很幸運」的人，也就是自稱幸運兒的人，都具有「外向、不神經質、喜歡與人往來」的特質。

簡而言之，就是「溝通能力強的人，也容易成為幸運兒」。

接著是佔據人生多數時間、成果會大幅影響收入的「工作」，也很需要溝通能力。根據日本經濟團體聯合會的《應屆畢業生聘用問卷調查報告》指出，企業方在「選才時，特別重視的要點」第一名就是「溝通能力」，而且這一點獲得82．4%壓倒性的支持，溝通能力（最新調查資料截至2018年為止）已經連續十六年都位居第一。這項數據充分顯示整個社會有多麼重視溝通能力。

看到這些資料，認為自己「有溝通障礙」的人或許會覺得很困擾。

不過，溝通能力並非天生，而是可以靠後天培養的。

在下堀田秀吾是在法律界分析溝通語言的「法律語言學」研究者。

所謂的法律語言學，是在審判或搜查過程中，發現語言證據有問題時，使用語言學、心理學、腦科學、統計學等分析方法，從專業的角度協助分析語言的學術領域。

說話者出於什麼意圖發言，聽者又是如何解讀？人是用什麼樣的組織架構在理解語言？為什麼會產生誤會？語言為什麼會對人心造成影響？從語言當中可以看出哪些事實？我是用科學方式來分析各種「語言」相關現象的專家。

雖然我是分析語言的專家，但並不是使用語言的專家，所以也不是什麼溝通達人。我其實和大家一樣，都經歷過多次失敗，有時候也會自我厭惡，在這種狀態下不斷鑽研溝通技巧。不過，我可以提供溝通專家才能看透的失敗原因以及解決方案。

我把工作、交友關係、戀愛、騷擾行為等一般生活會面臨的溝通場景中，可能會產生的誤解都收在本書內。

期望本書的內容，可以透過和各位一起抽絲剝繭，了解溝通上的誤解，幫助大家緩解和他人溝通時的困難，提升感受到幸福的機會。請您務必讀到最後。

Contents

Contents

第2章 「溫柔對待自己和他人」就是人生順遂的秘訣

第3章

「說話方式」和「外表」不見得佔九成重要

Contents

第4章 防止遭受騷擾以及不應該騷擾別人的科學根據

第5章 不需要展現「真正的自我」，只要替自己做好人設就能活得輕鬆

Contents

第6章 戀愛時不為人知的真相

第7章 遠端工作時常見的錯誤

Contents

第 1 章

去蕪存菁只會降低創造力

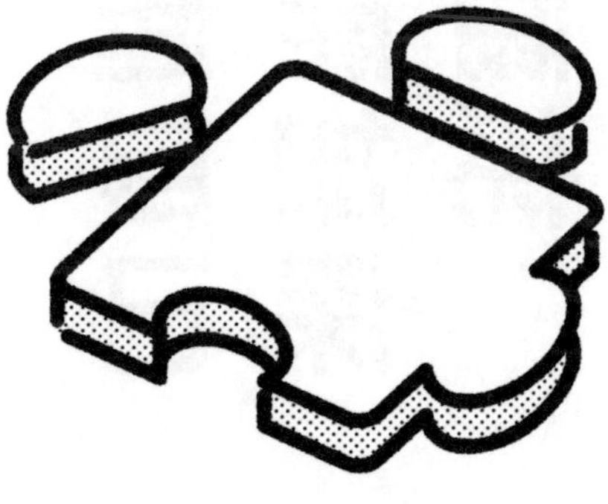

大誤解

第一次見面就聊私事
太失禮了

主動提起自己的私事能加深彼此的關係

佛羅里達大學　喬拉德

應該有很多人會認為，面對尚不熟識的對象「很難開口聊自己的私事」。然而，想要加深彼此關係的時候，其實更應該多聊私事。當然，大前提是明白「並非聊什麼都可以」。不過，比起思考「到底要多熟才能聊更深入的話題」，自己主動多聊私事更重要。這樣反而有機會縮短彼此的距離，談論更深入的話題。

「自己主動」和對方聊「有共鳴的話題」

這種方法之所以管用，是因為符合佛羅里達大學西德尼．喬拉德（Sidney Jourard）所提倡的心理學理論——「自我揭露之回報」。自我揭露（Self-disclosure）指的就是談論自己，私事當然也包含在內。主動談論自己的私事時，對方也跟著聊，自然而然會縮短心理上的距離。

這種縮短距離的自我揭露，有兩大重點。

第一個重點就是必須「自己主動開口」。

主動開口很重要，但若你期待開個頭，對方就會主動跟你繼續聊下去，那對方可能會產生戒心，所以請先專注在「自己主動開始聊深入的話題」吧。

我們不會輕易和他人談論私事，就是因為有戒心。

一般而言，我們不會讓無法信任的人知道自己的重要資訊。因為人會自我防衛，所以平常會把心門關起來。

如果要別人敞開心門，第一步就是要自己主動開口。

話雖如此，也不是聊什麼都可以。

第二個重點就是「聊和對方有共鳴的話題」。

回報的法則並非絕對。譬如說，彼此的社會地位有差距、聊的內容太過涉及隱私、和對方已經有一定程度的交情，在這些狀況下效果會比較差。

既然是為了「縮短彼此距離」而自我揭露，那就必須讓對方覺得「可以對這個人敞開心胸」。因此，「有共鳴」非常重要。如果你的自我揭露能讓對方覺得「這個人不錯」或者「想法和這個人很相近」，那對方也有可能會因此對你自我揭露，那你們就能聊比較私人的話題了。

如同先有雞還是先有蛋的問題一樣，人類雖然很複雜，但也有很單純的一面，很多時候我們可以靠這種小技巧打破僵局。

避免自嘲和自誇

那麼什麼話題才會讓人有共鳴呢？

很遺憾，結論是「每個人都不一樣」。如果對方是職業殺手，跟對方聊自己的暗殺經驗最好。因此，事前收集對方的資訊，思考能夠打動對方的自我揭露是最理想的方式。

問題是我們事前能獲得的資訊很少。這種時候比起緊追正確答案，不如避免絕對 NG 的錯誤回答。即使稍微揮棒落空還有下一次的機會，不過一旦讓對方敗興，之後就很難得到下一次機會。

我自己也一直告訴新生，在課堂上自我介紹時，要盡量「避免自嘲和自誇」。

假設曾經被霸凌的人，自我揭露這段過去。如果對方也曾經有過這種痛苦經驗，或許有可能會因為這樣就變得心意相通。因此，視對象不同，這種自我揭露也不算絕對NG。不過，對初次見面又是不特定多數的人來說，這種自我揭露並不是能讓人輕鬆說出「你當時一定很痛苦」等有共鳴的話，所以我不建議聊這類話題。

一樣的話題，有些人會在自我介紹的時候用幽默的方式自嘲，但這麼做也不好。一般可能會認為痛苦的故事只要幽默呈現就沒問題，但是對方如果否定你的故事，會顯得他不相信你，順著你的話說又顯得失禮，等於是把對方推向地獄二選一。

如果是很熟的朋友，或許可以接受「你這傢伙真的很不受歡迎耶（笑）」這種玩笑話，但對接下來才要深交的朋友來說就不適合，所以一定要特別注意。

別人說比自誇更有效果

另外，自誇也不好。不想被看扁是人類的本能，所以難免會想要一直強調自己厲害的地方，不過日本社會就是會棒打出頭鳥，一旦開始自誇很有可能會被當成在展現自我優越感，讓人產生想迴避的念頭。

不過，「自己開口的話會被當成自誇或是在展現自我優越感，但是有些故事的確可以表達自己的人格特質」。

如果想要讓大家知道，就靜靜等待其他人提起吧。應該自誇的部分，由其他人來說會比自己說更有效果。也就是走水戶黃門的路線。他本人不會自己說，而是由隨從告訴大家：「你以為眼前這位是什麼人？這可是天下無敵的副將軍水戶光國公啊！」然後壞人們就馬上下跪叩拜了。

由別人說出口，不只可以避免好感度下降，還有提升好感的效果。比起自己宣揚長處，透過口碑等外部消息更能增加可信度，這種心理效果就是所謂的「溫莎效應」（Windsor Effect）。（也有人稱為「口碑效應」。）

其實溫莎效應並非已經確立的專門用語，但的確是正中紅心的理論。應慶義塾大學的濱岡在研究中也指出，商品的口碑因為無法受企業管控，所以可信度會增加。

同理，假設有人直接對你說：「部長一直都很帥耶！」你可能會覺得對方沒有真心這麼想，只是在拍馬屁而已，但如果是本人以外的其他人告訴你：「我們小組裡的年輕女生說部長一直都很帥呢！」你會不會降低警戒心，比較容易接受呢？

總之，話題雖然需要經過選擇，但是想多結交好友的人，請盡量主動開始聊深入的話題。不過關於想自誇的事情，盡量讓別人開口比較好喔。

大誤解

全部都靠遠端聯絡就夠了

「總之見面再聊」有其意義

德國耶拿大學　安布拉斯等人

面對面談話究竟是好是壞，這個話題離不開新冠疫情（COVID-19）的影響，不過這裡先撇除疫情的問題，單純針對見面和不見面的差異做說明。

直接見面談可能會更混亂的話題——譬如說分手，這幾年有愈來愈多人都用LINE或訊息解決。這種時候，被提分手的人，如果還餘情未了，應該會提議「總之見面再聊」。就提分手的人來看，可能會覺得「一點也不想見面」、「見面也沒意義」。除此之外，應該也有人認為：「用LINE談不就好了？」

然而，有些狀況見面談一定會比較好。

剛才的「見面再聊」有可能只是單純因為不想分手，試圖延後結論而說出口的話。不過在工作和私領域上，的確有因為「不見面談」而失敗，「見面談」反而成功的要素。

也就是說，「見面再聊」的確有其意義。

面對面的資訊量非常龐大

首先，在談論面對面的意義之前，先來看看「只有文字的對話、或者視訊通話（會議）的對話」與「見面對話」的差異吧。

最大的差別在於前者無法利用各種非語言溝通（Non-Verbal Communication）的手段，所以資訊量會大幅減少。

「Non-Verbal」意指「非語言」。包含表情、視線、身體動作、聲音語調等語言以外可以傳達的資訊。我這樣寫，大家可能會覺得理所當然，不過問題在於，非語言資訊會帶來什麼影響。

解釋這一點的時候經常會用到美國心理學家麥拉賓（Albert Mehrabian）提出的「麥拉賓法則」（the rule of Mehrabian）。經過各種溝通實驗，他得出的結論是，人類在溝通中形塑印象時，透過視覺得到的訊息占55％，透過聽覺得到的訊息占38％，透過語言得到的訊息占7％。

除此之外，還有很多研究者進行類似的研究，加州州立大學的阿普爾鮑姆

（Applebaum）與賓夕法尼亞大學的博懷斯特爾（Birdwhistell）認為，雖然有數據上的差異，但非語言資訊對決定一個人的印象仍占65%，比語言資訊來得高很多，這和麥拉賓的研究有共通的結論。

而且，按照語言資訊占的百分比，可以看到表情、聽到聲音的視訊會議，依然會減少很多資訊量。

面對面的話就可以透過視線方向、眨眼、呼吸、身體的活動方式、當下的氛圍猜測對方的想法，但是隔著螢幕幾乎無法做到這一點。至於聲音也是，有很多狀況無法像面對面那樣傳達更多訊息。

比起螢幕，面對面會比較有親切感

那麼見面聊的意義究竟是什麼呢？這裡分兩大要素介紹。

首先，溝通的重要目的是「建構人際關係」。這種時候非語言溝通的資訊量就很重要。光靠語言資訊，聽到「你好優秀！」、「我想跟你交朋友！」這些話，我們通常都不會輕易相信。就算相信，沒有非語言的資訊，也很難掌握這些話的輕重。

而且，有研究指出實際見過面會比較有親近感。

根據德國耶拿大學安布拉斯（Ambrus）等人的研究，在畫面上見過和實際面對面相比，後者會比較有親近感。

在這場實驗中，設定三種情境：

①短時間多次見到名人

②在獲得該人物資訊的情況下多次見到名人

③直接和一般人見面

實驗中一邊測量腦波一邊調查對每個人有多少認識、感受到多少程度的親近感。

結果顯示，親近的程度由高至低依序是③→②→①。

就結果來看，可以說比起像②這樣接觸量和資訊都多的情況，還不如③直接見面更能有效建構人際關係。

而且，物理上的距離和心理上的距離有比例關係。親近的人，也就是心理距離較近的人，物理上的距離也會比較近，人會自然而然地靠近向親近的人。反之亦然，不想有關聯的人，也就是心理上有距離的人，在物理空間上也會想保持距離。

這一點無論是訊息或者視訊通話等透過網路的遠距溝通，都有絕對無法跨越的物理距離存在，所以無論如何都無法達成面對面溝通拉近人際關係的目的。

利物浦大學盧特（Rutter）等人的研究指出，和對方相關的物理性「線索」愈多就愈容易有親近感。

所謂的「線索」包含穿戴在身上的東西或對話時的氛圍等各種非語言資訊。遠距溝通和面對面溝通相比，非語言資訊少很多，當然無法拉近心理上的距離。

從這個角度思考，對方提出分手的時候要求「見面再聊」，雖然成功機率低，但考量有可能再度縮短已經拉遠的心理距離，或許是個不錯的選擇。

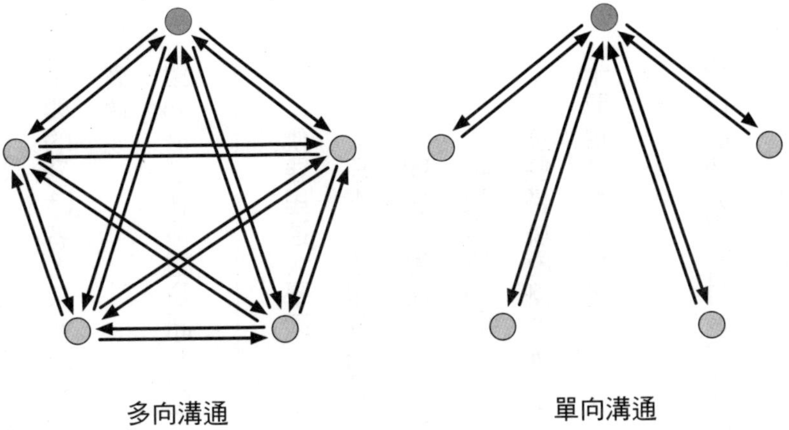

為什麼面對面比較容易提出有創意的點子

另一個見面談有其意義的情況就是「聊創意」的時候。多人參加的溝通情境中，有分「一對多」的「單向溝通」，和「多對多」的「多向溝通」。

單向溝通指的是資訊和語言的導線只存在於說話者和聽眾之間的溝通型態。以學校上課中老師與學生之間的對話模式為例，應該就能很容易明白。主要的說話者只有一個人，聽眾則有很多人。聽眾之間不會對話，就算聽眾和說話者對話也是一對一，其他人只會在旁邊聽。

相對而言，多向溝通就像多人參加的辯論會一樣，所有參加者之間都有導線存在。即便有主要的發話者，只要能夠和身邊的人熱絡地互相討論「你覺得怎麼樣？」就可以算是多向溝通。

單向溝通在傳達資訊的效率上比較優越。然而——

佛羅里達大學蕭（Shaw）的研究指出：

· 思考新企畫的對話（主要發話者不只傳達資訊的場合）
· 即便是傳達資訊，也需要分析該資訊然後提出點子的場合
· 解決複雜的問題

這些情境壓倒性地適合具有橫向連結、能夠閒聊的多向溝通，參加者的滿意度和士氣也會比較高昂。

我自己在開專題討論這種需要腦力激盪的課堂時，即使在疫情之下也會盡量和學生面對面。另一方面，聽眾人數多、以聽講為主的課程，基本上都使用Zoom或視訊軟體的方

式進行。

使用Zoom的時候，參加者會出現在同一個大畫面上，主要說話者會自動被釘選。這對傳達資訊來說是個很好的功能，不過很難讓參加者之間有橫向溝通的機會，當然討論也就不容易熱絡起來。

大腦一片空白的時候最能發揮創意

橫向的閒聊和脫離主題的談話，對人與人之間的聯繫非常重要，而且有趣的是，這一點對大腦的運作來說也一樣重要。

美國神經學家馬庫斯．賴希勒（Marcus Raichle）等人發現人類有預設模式網路（DMN）狀態。以功能性磁振造影（fMRI）調查腦部活動，發現有好幾個部位「在人類什麼都不做的狀態下特別活躍」。

ＤＭＮ簡單來說就是「專注」的相反。雖然呈現放空的狀態，但是在之後的研究發現，這種狀態下人類更容易發揮創意。

專注的時候，大腦只有特定部位集中運轉，其他部位都在休息，但是放空的時候就像大腦整體呈現怠速的狀態。後者會讓各個部位容易產生「橫向」的連結，也就是容易形成多線化架構的狀態。

入睡作夢的時候，會不會夢到平時根本就不會聯想在一起的人或事情呢？大腦在睡覺的時候也在運轉，呈現ＤＭＮ的狀態，所以才會夢到這種出乎意料的夢境。

非常專注地拼命想，卻怎麼都想不到好點子的時候，跑去洗個澡、睡個覺、喝杯咖啡發呆，靈感反而突然從天而降，這就是ＤＭＮ的狀態。

即興饒舌就像事前已經背好歌詞，巧妙的詞彙與韻腳接二連三，妙語如珠，但熟練的饒舌歌手據說都是在無意識之間就唱出歌詞。我實際上也曾經測量過知名職業饒舌歌手的腦波，饒舌歌手是在非常放鬆、半入眠的狀態下即興創作，這種狀態的確是ＤＭＮ沒錯。

這幾年，在忙碌的商務人士之間開始流行桑拿浴，一方面除了有放鬆的效果之外，也是在強制放空大腦，讓人比較容易產生有創意的想法。

這個道理放在閒聊也能通用。當談話的內容已經確定的時候，大腦就會刻意注意「要談的事」。簡單來說，大腦會開始專注。

相對之下，沒有任何意圖的閒聊，就不會刻意思考。因此，想法就會往各個方向延伸，比較容易獲得意料之外的靈感。

少了聚餐之後，學者受到的衝擊

我自己就深切感受到閒聊的重要性。我想應該有很多學者和研究者都認同，因為疫情的關係，學者們少了很多參與實體研討會的機會，對研究來說是很大的損失。

說實話，在研討會發表論文是單方面的資訊傳達，所以線上舉辦其實也還過得去。不過，研討會後沒辦法聚餐、懇談才是大問題。

和全國遠道而來的菁英們一起邊吃邊聊，有時候會有人對自己發表的論文認真給予回饋，不過，這種場合通常都是多向的溝通，所以話題不見得會落在研討會的主題上。然而，這些日本乃至國際菁英之間的閒聊，真的是非常新鮮刺激。

我自己是透過研討會後的聚餐、續攤，培養出新的點子，和有志的研究者一起共同研究，藉此獲得很多工作的機會。我確信全日本的大學和研究機關中，一定有人因為沒了聚餐，而煩惱新研究的點子沒著落。

除此之外，不必我多說，大家也知道透過各種學習和累積經驗，準備橫向連結的「種籽」也很重要。種籽不只自己的手上才有，跳脫自己的大腦，找尋他人手中的種籽和自己之間的連結也很重要。

人類是群居動物，不會離群索居，而是透過和他人連結，互相合作、互相幫助，藉此在自然界的生存競爭中獲勝，實現子孫繁榮的生物。

即使是習慣在網路上溝通，總是避開面對面的人，在想要加深和重要人物之間的關係、或者想要發揮創意時，請不要嫌麻煩，告訴對方「見面聊」吧！

大誤解

高層只會打高爾夫和應酬，
根本沒在工作

吃飯的場合才會有大筆資金流動

葛瑞格利・拉茲蘭「午餐技巧」

在商務場合上「乍看之下無用的溝通」，還有一個例子就是應酬。

如果各位還年輕，看到經常去高級餐廳應酬的董事或部長，可能會覺得很羨慕或者認為那些人是薪水小偷吧。然而，這裡我想告訴大家，應酬絕對不是無效的溝通。

應酬最適合看清對方

我的座右銘是「爬著都要去聚餐」，甚至還出過以此為標題的書，我真的很熱愛聚餐。明明我根本就「不會喝酒」，但在疫情之前，只要有人找我去聚餐，我都會答應。因為過著這種生活，所以不僅是研究員，我還認識很多經營者，以及在社會上大顯身手的人物，也因此有機會聽到各種故事。

身為商業門外漢，我所得出的結論是，優秀的商務人士通常和公司以外的優秀上班族或經營者之間，擁有很多橫向連結，而且他們都經常應酬聚餐。

和大企業用正面突破的方法工作，就必須按步就班、從頭開始，透過一層又一層審議的程序進行工作。即便能走到最後一步，過程也很花時間，還經常在途中出現NG的狀況。

然而，聚餐時直接和高層或者擁有決定權的人談，就可以由上而下一口氣走到終點，這種情形很常見。當然，如果是大型企業的大計畫，還是需要一定程度的審議，但是至少可以走一段捷徑，或者讓審議比較容易通過。

成也聚餐，敗也聚餐。工作畢竟是人在做。最後還是要看你想和誰一起工作。在非工作模式的狀態下聚餐，或許是一個可以看清一個人的好機會。

能派上用場的方法「午餐技巧」

美國心理學家葛瑞格利．拉茲蘭（Gregory Razran）提倡一種名為「午餐技巧」（luncheon technique）的方法。人在用餐的時候，會比較容易帶著善意接受對方或事物，也會比較容易被說服或者認同交涉的事項。

理由非常簡單，因為人吃到美食心情就會變好，而且這種心情會傳染到其他地方。在會議室談事情，往往會在工作模式下認真互動，但聚餐的重點是能夠輕鬆對話——這一點非常重要。

和截然不同的人對話可以帶來靈感

職場上的閒聊固然很重要，但是在職場通常和相同領域的人談話的機會占大多數。然而，聚餐就有機會遇到截然不同的人，這會帶來新的刺激。偉大的革命並非完全從無到有，而是從不同的組合中誕生的。和新鮮的對象閒聊，更容易激盪創意。

除此之外，聚餐會強制性地讓對話比平常更加無拘束，使得多向溝通變得更加活躍。像 Cyber Agent 的社長藤田晉那樣一流的商界菁英，很多都熱愛打麻將，我認為這不只是因為麻將本身對生意有幫助，而是很多人看上圍繞牌桌時的溝通能創造出來的價值。

（我自己也很喜歡和朋友打麻將）。

我雖然不抽菸，但是聽說吸菸區也是容易發展橫向溝通的地方。尤其是在辦公大樓裡，吸菸區會聚集工作上不同部門的人，就有機會閒聊和平常不同領域的事情。近幾年「抽菸」成了負面形象，使得會抽菸的人反而更容易產生革命情感，或許會增加超越社會階級的連結或閒聊的機會。

像這種乍看之下無用的社會人士之間的溝通，有時候很有用。至少，**「使用公司的錢吃飯＝並不是壞事」**這一點完全沒錯。

大誤解

應該要削減溝通成本

閒聊、天馬行空是好點子的寶庫

微軟公司與加州大學柏克萊分校共同研究

因為疫情而提升工作效率的人，可能會認為「應該削減溝通成本」。的確有很多公司的職位最好要削減溝通成本，或原本就有無效溝通的問題。然而，這不適用於所有工作。

> 微軟公司和加州大學柏克萊分校的共同研究，用長達六個月的時間調查六萬多人得到以下結論。
>
> 由於全公司導入遠端工作系統，不同部門的合作與實體會議或者電話、視訊會議等即時性溝通減少，但是電子郵件這類不需要即時應對的溝通方式增加。因此，透過公司內部網絡獲取及分享新資訊的頻率隨之減少。

不只需要創意的工作，就連公司整體員工的動力隨之降低，和其他部門之間的溝通減少、合作減弱，都不是公司樂見的樣貌。

依照情境不同，選擇單向或多向溝通

譬如說，如果是報告已經結束的專案，那麼單向溝通就足夠，不需要刻意聚集員工來開會。說不定只要提出報告資料就夠了。

然而，需要討論的話，多向溝通就非常重要。如同前文所述，多向溝通容易激盪靈感，適合多方向檢討、解決複雜的問題。這種時候，不是只要讓很多人參加視訊會議就好，如果不能直接對話，就很難產生橫向的連結，也很難產生激發創意的閒聊，或者天馬行空的想像。

我自己的經驗也是這樣，寫博士論文的時候，遲遲找不到解決問題的方法，而且當時其實已經煩惱一年以上都沒有進展，結果偶然在咖啡廳和同學閒聊研究的事情時，腦海中突然浮現解決方法，幾個月之後，我就寫完博士論文畢業了。這種感覺就像過去累積的知識，透過閒聊突然連結在一起，從點連成一條線。我至今仍會想到，要是沒有當時的閒聊，可能就無法寫完博士論文了。

商場上的改革很多時候也是從過去不曾搭在一起的組合中誕生。譬如結合電話和信件的傳真，結合電話和電腦的智慧型手機，新事物總是來自意外的組合。閒聊和天馬行空往往就是找到意外組合的契機。

因為疫情的關係，有很多事情無法如願，不過「和創意有關的議題」不能刻意削減溝通成本，反而應該增加多向溝通的機會才對。

陪審團制度也需要多向溝通

同理，如果想要擁有激盪創意的對話，刻意營造可以閒聊、天馬行空想像的場域就非常重要。

我在從事法律語言學研究時參與的審判中，也曾經見過幾次象徵性的場景。

日本陪審團制度的陪審員並非專家，卻被強制丟在一個充滿緊張感的場合裡。因此，為了引導陪審員討論，法官的行動必須能夠引發多向溝通才行。

然而，我曾經見過有些法官未曾嘗試引導陪審員自由討論，只是逐一詢問每位參加者的意見，只做重複問答的單向溝通。那場審判並沒有出現熱烈討論的場景，但我認為這既然是決定相關人士一生的審判，當然希望陪審員能夠充分討論。

「談判對話」與「交流對話」

目的的重要性也適用於一對一的溝通。

劍橋大學的布朗（Brown）與路易斯安那州立大學的尤勒（Yule）定義，對話分「談判對話」與「交流對話」兩種。

談判對話擁有某種明確目的，像是套出消息、提供資訊，或者是透過命令或請求促使對方採取行動，或是說服、道歉等。譬如說「○日×點的會議我不便參加」或者「這項商品的開放價格是多少錢？」等內容。

另一方面，交流對話的目的在於維持和建構人際關係，談話的內容雖說不是完全無意義，但「對話」本身就是目的。

也就是說，後者的手段＝談話內容其實不重要，所以乍看之下可能像是「無用的溝通」。然而，這種溝通反而能成為交涉對話時的潤滑油，幫助人達成原本的目的。

如果過度排除無用的溝通，或許反而會損失和時間一樣重要的東西。一切重點在於你的目的。務必多加小心，切莫把削減溝通成本當成目的了。

第2章

「溫柔對待自己和他人」就是人生順遂的秘訣

大誤解

減少出勤日
會降低生產力

週休三天可以
提升工作表現
和創造力

奧克蘭理工大學　哈爾等人

因為疫情蔓延，這個時代突然迎來工作改革2.0。「到公司上班」（就某個層面來說就是互相監視）與生產力之間的關係，如果宏觀來看，會牽扯到人與人的相處還有溝通問題，所以我刻意放在這裡談。

遠距工作真的會降低生產力嗎？

明尼蘇達大學賽恩斯（Zajonc）的研究指出，在監視下（到公司上班）會提升作業精度等工作效率。

另一方面，史丹佛大學布魯姆（Bloom）等人在疫情前針對旅遊公司約一萬六千名電話客服員工調查工作效率，發現遠距工作的時候，工作表現比平均值提升13%。不過，芝加哥大學吉布斯（Gibbs）等人在2021年以一萬名左右IT企業員工為對象調查時，發現工作時間平均增加18%，生產力則降低8～19%。

除此之外，俄亥俄州立大學達契（Dutcher）的論文指出，遠端工作時，單調的工作約降低6～10%的生產力，但需要創意的工作則提升11～20%的生產力。

如同上述提到的研究，並非減少到公司上班的次數就會降低生產力，而是要看工作的內容。

遠距工作造成勞動時間增加是急需重視的問題。關於勞動時間與生產力，有個饒富趣味的研究。

可能是受到政府的推波助瀾影響，最近聽到愈來愈多公司推出彈性的週休三日制度。不同企業實施的方法也不一樣，例如減少勞動時間但仍保有薪資；或是勞動時間減少薪水就跟著等比例減少；又或者是勞動時間維持不變（一天十小時×每週工作四天）薪水就維持不變，不過實際效果如何呢？

根據奧克蘭理工大學哈爾（Hear）等人的研究，採用維持工資的週休三日制度後，受雇者有以下感受：

- 工作表現與創造力、工作滿意度、參與度都獲得提升
- 工作與生活的平衡也提升24％
- 感覺到企業重視受雇者的福利、精神健康、安全
- 對團隊的期待、自信、問題應對能力、樂觀精神都變得更好，團隊也更有凝聚力
- 包含壓力降低7％在內，員工福利也獲得改善

管理職的評價也指出，受雇者並未因此降低工作表現，反而在時間管理、顧客對應、創造力上獲得改善。

簡單來說就是好處多多。

除此之外，2019年8月日本微軟公司導入實驗性的週休三日制度「工作生活選擇挑戰——2019夏季計畫」，甚至出現**勞動生產力提升40%**如此驚人的數據。在這項挑戰中，得出每天的聯絡數（人才交流）和前一年同月相比獲得＋10%的結果，員工並未因為週休三天就減少溝通。

從這些數據來看，認為「週休三天對工作會有不好的影響」這種想法未免太武斷了。從日本微軟的數據來看，每週五天的工作日減少到四天，時間明明減少至原本的80%，勞動生產力卻提升40%（當然，前提是該公司是日本少數能夠導入這種制度，也擁有許多優秀員工的企業），讓人不得不懷疑目前日本的職場是不是存在什麼問題。

說不定是因為增加休假，讓員工有更多時間和家人朋友交流，藉此提升工作動力；或者是因為有更多充電時間、減少通勤又能保留體力，讓員工在工作時更能專注。

導入制度的企業需要組織整體動員，不過即便企業沒有週休三日制度，員工自己也可以把工作調整在四天做完，為心靈保留一天餘裕，如此一來生產力或許也會隨之改變喔。

大誤解

即便對方道歉，
只要自己不願意就可以不用原諒

即使是做表面功夫
也要原諒對方，
否則會被再度攻擊

美國三一大學　華萊士

遇到不愉快的事情，而始作俑者前來道歉時，各位會有什麼想法呢？說是「大誤解」可能太過誇張，不過應該有很多人會認為這屬於自我情緒的問題，所以回答「覺得『可以原諒』的話就原諒，『無法原諒』的話就不用勉強」對吧？

然而，溝通是一種互動的行為，沒有對象的話就無法成立。考量這一點，我認為即便覺得「無法原諒」，還是選擇原諒會比較好。

因為無法獲得原諒的當事人，很可能會一直懷抱怨懟，甚至再度攻擊遲遲不願意原諒自己的人。

根據三一大學華萊士（Wallace）等人的調查，得出以下結果。

如果不得不對曾經欺負過的朋友再度下手，有15％會「再度危害當初自己道歉時選擇原諒的人」，相對之下，有86％會「再度危害當初自己道歉卻沒有選擇原諒的人」。

另外，在其他調查中也得出「被害者若選擇原諒，加害者後悔的機率較高」的結論。

俗話說，好心總會有好報，不如從這個角度思考，當作是為自己著想。當對方道歉的時候，（即便只是表面上）選擇原諒，終究對自己有利。

原諒他人可以減少壓力荷爾蒙

可能會有人認為，沒有被原諒的人也不見得一定會再度攻擊自己，所以「根本不想因為這種原因就勉強原諒對方」。

不過，即使是有這種想法的人，我還是建議選擇原諒。

因為，原諒對方不只可以平息對方的憤怒，也有很多研究指出對自己有其好處。例如：

路德大學杜桑（Toussaint）等人的研究指出，願意原諒對自己做錯事的人，可以減少五週的壓力，精神上的問題也會得到舒緩。

卡爾頓大學伊賽爾戴克（Ysseldyk）等人的研究顯示，原諒想復仇的對象，會減少「皮質醇」這種荷爾蒙的分泌。

皮質醇是人在感受到壓力時會增加的荷爾蒙，又被稱為「壓力荷爾蒙」。減少分泌皮質醇，表示「無法原諒」的情緒對自己的身心其實造成負擔，只要原諒對方就能減輕負擔。為了自己和對方，應該要盡可能選擇原諒才對。雖然並不容易，但是請各位試著用這種想法思考。

大誤解

一定要嚴格訓斥，對方才會成長

被罵之後，人類的處理能力會降低61%

喬治城大學　波拉斯、佛羅里達大學　艾瑞茲

在工作上的溝通，讓很多人感到煩惱的地方，莫過於如何對待犯重大錯誤的人。尤其是當對方是自己的屬下時，有些人會用怒罵的方式來解決，但是我不建議這麼做。因為基本上人只要挨罵，對工作表現就會產生負面影響。

喬治城大學波拉斯（Porath）與佛羅里達大學艾瑞茲（Erez）的研究指出：

· 直接受到攻擊的人處理能力會降低61％，創造力則降低58％
· 即便不是直接受到攻擊，當自己所屬的團隊有人被攻擊的時候，成員的處理能力也會降低33％，創造力降低39％
· 就算只是目睹別人受到攻擊，也會導致處理能力降低25％，創造力降低45％

哥倫比亞大學赫洛克（Hurlock）所做的經典實驗中，在人前受到褒獎的孩子，在計算測驗的表現提升71％，被罵的孩子卻只有19％。

當然，一定有人在充分了解這一點之後仍然認為「有些情況還是應該罵」。而且，有些人的確沒有被厲聲斥責就不會改，而且有些錯誤關乎人命，一次都不能犯。

不過，如果斥責的目的是要影響、激勵對方，那應該有其他作法才對。

我們的內心有一種**「心理抗拒」**機制。這是當人感受到他者威脅到自己的自由時，為了恢復自由而產生的心理狀態。

像是學生時期，準備開始讀書時，聽到父母催促「趕快去讀書！」，反而突然失去幹勁，應該很多人有過這種經驗吧。即便是自己原本就打算做的事情，當你感受到被父母逼迫的瞬間，就會為了找回自由，而透過「不讀書」來追求自由意志。

這種情形不只小孩會發生，對大人下達指示或提醒的時候，不要用「去準備那份資料！」「去整理房間！」之類限定選項又強制性的句子，對方才會比較容易有動力去做。

利用內在動機

還有另一個想讓大家注意的重點，就是鼓勵「內在動機」。

內在動機就是把本人原有的意願變成動機，也就是提升動力。相對而言，動力來自外部的時候就稱為「外在動機」。

不必我多說，大家也知道，員工懷抱幹勁工作基本上是最理想的狀態，所以當然希望屬下或同事能夠在「工作好開心」「每天都能感覺到自己的成長」這種充滿內在動機的狀態下積極工作。

為了做到這一點，最好盡量避免斥責。

話雖如此，外在動機也很重要。

動機本身也有混合內在與外在的類型。

譬如說你很欽佩屬下A，你稱讚他的工作態度也是A的動力，如果A「想要再被稱讚」，那就可以說契機來自外在，但後來轉成內在動機。

換言之，如果想要策動別人，就需要這種能夠轉化成內在動機的外部契機。

這個時候的重點，就在於「過程比結果重要」以及「報酬」。

稱讚過程比稱讚結果容易讓人成長

如同前面所提到，目前已經知道，稱讚過程會比稱讚結果更容易讓人成長，而且動力也會變得更強。

哥倫比亞大學穆勒（Mueller）與德威克（Dweck）的研究指出，從成績的角度來分析，分別請因聰明而受到誇獎的學生和因努力而受到誇獎的學生，進行比平常更困難的測驗，可以發現因聰明而受到誇獎的學生成績變差，因努力被誇獎的學生反而獲得更好的分數。

因為能力而被誇獎，會導致學生不再持續努力。

這雖然是針對兒童的研究，但是在其他研究中也指出，大學生等成人也有一樣的結果。

如果應用在商務場合，**就表示即便屬下交出成果，也應該稱讚其過程而非能力本身。**稱讚能力會讓人覺得不特別做什麼也無所謂，那就不需要努力，做事的動力也不會提升。然而，稱讚過程會讓人覺得只要認真努力，即便沒有成果，也能感受到自己的累積和前進的感覺，同時也比較能維持動力。

獎勵是「對努力的感謝」

另一個重點是報酬，很簡單，就是給予努力的人獎勵。

不過，關於報酬和動力有無數的研究，其中有些情況是報酬能激起暫時的動力，但沒有報酬的時候就完全失去幹勁，反而造成反效果。即便原本有動力，但因為有了報酬，就會讓人出現「自己是為了報酬而做，並不是自願」的念頭，導致動力減弱。

因此報酬的應用很困難，但按照本文說明的重點執行，基本上應該都能發揮功效。

首先，基本原則是與其斥責不如稱讚。不得已必須規勸對方的行為時，也不要引起對方的心理抗拒。

譬如說廁所裡經常會看到「感謝您保持整潔」的貼紙，為什麼貼紙上不會寫「請不要弄髒廁所」呢？

因為後者的表達方式會阻礙受眾的自由，尤其在實際對話時容易引起心理抗拒，而前者的說法則不會阻礙受眾的自由。所以，表達方式必須盡量考慮對方對自由的渴望，這一點很重要。

而且，比起結果，更應該肯定過程。不是因為有成果才稱讚對方，無論成果如何都要肯定對方的努力，**因為感謝這份努力而給予報酬，才容易轉化成內在動機。**

在不利的狀況下與B公司競爭，而屬下獲勝需要給予報酬的時候，不要說「贏了B公司，幹得好」，而是告訴屬下「事前調查你一直都很努力，謝謝你」，然後請對方吃飯即可。

大誤解

工作一定要認真嚴肅

笑著工作能提升工作表現

倫敦大學 賽爾、密西根大學 弗雷德里克森等人

前文提到，周圍只要有人生氣，工作表現就會下降的研究。人類擁有鏡像神經元這種神經細胞，會模仿看到的人。如字面所述，它真的就像鏡子一樣，即便是負面的事物也會一併模仿，所以憤怒等不好的情緒也會傳播，受到負面影響。譬如說，

夏威夷大學哈特菲爾德（Hatfield）等人的研究顯示，和負面的人一起相處的時間愈長，想法就愈容易被這個人同化。

和負面又不快樂的人相處，會不自覺模仿這個人臉上的表情、姿勢、說話的方式甚至動作。同理，保持笑容、快樂的心情會讓自己和周圍的人都跟著開心。

倫敦大學賽爾（Sel）的研究指出，看到別人的笑容，大腦也會出現和自己露出笑容時一樣的反應，心情自然會跟著變好。

愛知醫科大學松永等人的研究顯示，經常保持開朗的人，周圍也會有開朗的朋

友。

笑口常開好運來。我們每天都要待在職場，如果職場是個讓人開心的地方那就再好不過了。首先讓自己保持笑容或許就是最重要的第一步。

即便是勉強擠出來的笑容也能提振精神

審視工作表現時，我會注意在辦公時認真工作的各種小習慣。

譬如人在做某件事情的時候，如果笑嘻嘻的話，就會被罵一點也不專心，但其實有研究指出保持笑容能提升工作表現。

曼海姆大學史特拉克（Strack）等人的實驗中，咬著彩色筆被迫露出笑容的受試者，在讀漫畫的時候比對照組更開心。

也就是說，笑容會讓人在做事情的時候更快樂。帶著笑容工作，就能開心投入。另外，

利物浦大學瑪夫（Mehu）等人的研究顯示，發自內心的笑容會讓對方感覺更可靠，對利他行為、社交、寬容度都有正面影響。

目前已經有實驗可以證實這一點。也就是說，強顏歡笑雖然有正面效果，但發自內心的笑容效果會更好。笑容除了會讓人心情變好，還有其他效果。

密西根大學安娜堡分校弗雷德里克森（Fredrickson）等人的研究指出，只要心情保持正面積極，視野就容易開闊，能夠想到的行動選項也會變多。

這樣的效果對所有工作都有幫助。雖然只是小小的笑容，卻大有助益。如果一個表情就能帶來這麼多改變，那當然要試試看。面帶笑容工作——但願這個新習慣能在日本文化中紮根。

大誤解

被挑釁的時候最好回擊，
以免被看扁

用「第三人稱」控制情緒，無視對方的挑釁

密西根州立大學　莫澤等人

不要碰到這種情況當然是最好，但是工作上難免會出現帶著強烈負面情緒的人，或者明顯是在找碴的狀況。這種時候該怎麼做才算是「高明的應對」呢？

情緒與大腦之間的關係

由於視對象和內容不同會有很大的差異，這裡提到的不能說是正確答案，但我希望大家盡量「不要情緒化」。尤其是在對方情緒激動，比起解決問題更像是以吵架為目的的時候，雙方交換情緒只會留下禍端……

為了瞭解抑制情緒的方法，首先要釐清情緒和大腦之間的關係，這一點非常重要。情緒來自大腦邊緣系統中的杏仁核。人類的大腦具有動物特質。恐懼、不安、喜悅、悲傷等情緒都來自杏仁核，因此可以說是情緒「引擎」。

另一方面，位於大腦新皮質的前額葉則是控制情緒的部位。前額葉在思考理性、邏輯問題的時候運作，新皮質是人類為了生活而發展出來的大腦部位。就這個層面的意義來說，新皮質是讓人具有人性的大腦部位。因為能夠控制杏仁核這個引擎產生的「情緒」，所以可以說是情緒的「剎車」。

當煩躁的情緒湧現時，懂得使用前額葉就能抑制煩躁。具體方法是思考邏輯性問題，就能讓前額葉運轉。

讓我們來看看密西根州立大學莫澤（Moser）等人的研究。

這場實驗中，研究人員讓受試者看了一些會引起厭惡感的圖像，讓人變得焦躁。之後讓其中一組人用第一人稱在心裡自問自答：「現在我有什麼感覺？」另一組則用第三人稱在心裡自問：「現在他有什麼感覺？」然後測量當時的腦波，並做功能性磁振造影（fMRI）。

結果發現用「他」或「她」這種第三人稱自問自答的人，大腦中和情緒有關部位的活動度急遽降低。也就是說，這麼做可以抑制焦躁的情緒。使用第三人稱可以從分析的角度客觀思考，達到克制情緒的功效。

如果認識很久的朋友或夥伴，彼此情緒碰撞可能反而會比較乾脆，雙方之間也不會有疙瘩。然而，當對方只有工作上的往來時，基本上訴諸情緒根本沒有好處。因此，這種時候最好冷靜客觀地專注在分析狀況，藉此克制情緒。

當對方指責：「我說過今天就要這份資料吧？」不需要糾結對方到底有沒有說過，如果資料沒有準備好，那就試著分析原因是什麼——以這個例子來說很有可能問題出在自己身上。實際上專注分析結果而非被情緒影響，往往就會發現「這真的是自己的問題」。如果自己有錯，那就坦率道歉。即便不記得對方有說過，只要結果讓對方困擾，那道歉是最好的方法。

人類會遵循「互惠原則」，對友善的人會釋出善意，對有敵意的人也會釋放敵意。互相攻擊，使得溝通流於情緒化，只會讓問題停滯不前，所以我們必須盡量保持冷靜。

不留禍根的溝通方法

不過，也有明顯錯在對方，但對方偏偏要找架吵的時候吧。即便是這種狀況，最好也不要感情用事。如同51頁提到的，就算對方有錯，也盡量不要留下禍根，這樣往後的人生才會比較安心。

如果情況對自己有利，人往往會因為自己有理而拼命反駁，有時候甚至還會攻擊對方。不過，反而是在對方有錯的時候，更要小心別受情緒左右，以免招來怨恨。

向對方提出要求的時候，務必**自信溝通（Assertive Communication）**。簡單來說，就是保持互相尊重，但是又堅定表達自己的主張。這樣的溝通方式來自擁有各式人種、背景，同時又有根深蒂固種族歧視的美國。

我們會為了自己的權利而提出主張。這時很重要的是，如果一味主張自己的權利，那麼現在身處於較穩定位置的他者就會覺得「自己的權利受到威脅」，可能會因此感到恐懼，甚至祭出攻擊的手段。為了和這樣的對象溝通，就必須先認同對方，表達自己「沒有打算侵害對方權利」，然後再主張「我希望自己的權利也能得到認同」，藉此讓對方打開心房。

美國因為有這樣嚴肅的社會背景存在，所以自信溝通的相關研究很發達，心理學家沃爾普（Wolpe）與拉薩魯（Lazarus）建構出一套「自信訓練」的基礎，幫助不擅長主張自我意見的人，在不受拘束又尊重對方的狀態下，能夠誠實地表達想法。

自信溝通的基礎就是「一開始要先稱讚對方」。這就是在向對方表達，自己不並打算侵害對方的權利。以這個條件為基礎，大方說出自己想說的話。譬如說，「A先生對工作如此投入真的很令人欽佩，我覺得我也應該好好學習。不過這次沒有經過確認就埋頭進行，所以有些地方沒有協調好呢。」如果這樣說的話，就不會變成單純的針鋒相對了。

從事音樂類影像工作的朋友告訴我，搖滾歌手矢澤永吉先生就是非常擅長自信溝通的人。

即便樂團成員都是頂尖高手，矢澤先生的要求還是很高，所以彩排的時候，對樂手們也會有演奏方面的要求。這種時候，矢澤先生一定會先誇獎「剛才那裡表現非常好」，然後再跟對方商量「這裡我想要這樣做」。

如果日常生活就能做到自信溝通，就能減少情緒化的頻率，所以我們應該向矢澤先生學習，即便對方挑釁也要做到「先誇獎對方」。

大誤解

對長輩一定要說敬語

「情緒上的輕鬆語調」可以去除上司的威嚴

明治大學 堀田

「對長輩說話不能沒禮貌」這句話沒有錯。不過，有些情況下，用輕鬆的語調說話也有其效果。

我曾經聽某個經營者嘆氣說：

「我希望屬下說話不要那麼客氣。」

其實如果我自己是屬下的話……也會覺得很為難。即使當上司的說「有意見不用客氣」，但從屬下的角度來看，有話直說還是會讓人有所顧慮。

話雖如此，我也能懂經營者的心情。

經營者大多都了解閒聊的重要性，所以會希望平時就聽取和自己不同觀點的意見。而且年輕的員工通常擁有自己不具備的知識和背景，是非常寶貴的樣本。

然而，年齡差愈多就容易對經營者產生敬畏感，導致經營者很難接觸到年輕人的意見——這種兩難的處境很常見。

因此，如果經營者或上司曾經對你說過這樣的話，坦率地表達自己的意見，或許可以一口氣拉近彼此之間的關係也說不定。

靠語言進出「心靈的地盤」

這裡的重點在於心理上的距離。語言具有調節心理距離的功能，可以拉近或拉遠和對方之間的心理距離。

最好的例子就是切換敬語和輕鬆語調。我想大家平常和熟識的同學或男女朋友在一起的時候，都會用輕鬆的語調說話。但是即便面對這樣的對象，在吵架的時候也突然改用敬語表達「我明明就說過了」「你根本沒說」。

人有心靈上的地盤，朋友或家人等親近的人，屬於地盤「內部」的人，所以對他們會使用輕鬆的語調來談話。另一方面，對心理上仍有距離的人，也就是地盤「外部」的人，則會使用客氣的敬語。即便是朋友、戀人等平常在自己地盤內的人，吵架的時候因為心理距離變遠，就會瞬間變成地盤外的人，所以會使用敬語來和對方保持距離。

而且在日本文化中，突然踏入對方地盤是NG行為。隔著一段距離才是「有禮貌」表現，所以基本上對長輩使用敬語，保持一定的距離就等於懂禮儀。重視集體主義的日本，「大家一起做事」的概念根深蒂固，和美國等其他國家不同，「地盤內部」是一切的基礎。把對方當成「地盤外部」的人是特殊情況，使用有距離的敬語才會顯得謹慎有禮貌。

另一方面，在美國只是到商店買東西，店員也會突然說“Hi, how are you doing?”（嗨，你好嗎？）就像在對朋友說話一樣親切，突然踏入對方的地盤、拉近距離反而很正常。

當然，這不代表美國人不懂禮貌。美國相較於日本，是一個聚集各式人種、宗教等文化背景的人一起共生的社會。也就是說，大前提是社會中原本就有各種地盤，大家都在彼此地盤的外部，所以為了表達「我想和你成為朋友」，會選擇主動踏進對方的心靈地盤，這也是一種展示善意、為對方考慮的行為。

這裡的重點是透過使用有別於文化和狀況中的「標準」語言，達到進出對方心靈地盤的目的。

和部長一起吃午餐的時候可以說「這個超好吃的」

和長輩溝通也一樣。

平常都用地盤外部的敬語，但「特殊時刻」就可以用輕鬆的語調說話。

當然，不是指吵架的時候，而是充滿正面情緒的「特殊時刻」。在自己湧現情緒的時候，針對自己有感覺的部分使用輕鬆的語調，也就是「情緒上的輕鬆語調」。

舉例來說，雖然平時不能直言「部長今天臉色好差喔」，但是部長請吃午餐的時候，吃一口再說「這是什麼，未免也太美味了吧」就沒問題。

為什麼表達情緒上的輕鬆語調有效果？因為輕鬆的語調基本上就是「地盤內部」的語言，呈現自己真實的想法，對方也會感受到「他是在說真話」。

剛才提到經營者想要的直言不諱，也不適合用在批評工作。如果是有度量的經營者，或許會接受批評，但是要批評的話還是用敬語比較好。因為工作而受到感動的時候，只要坦率地說「好厲害」即可。

像這樣稍微和平常不同就可以了。如果在那之後要詳細說明覺得哪裡厲害，最好還是說敬語。

無論是和服、浮世繪、書法都一樣，在四平八穩的基礎上加點「變化」才是妙趣所在。語言也一樣。比起機械性地堅持只用敬語，在關鍵時刻稍微用輕鬆的語調說話更有人情味。

雖然也要視對方的個性而定，但表達情感的輕鬆語調很多時候對長輩都很有用。

這一點我自己有很多次親身體會。以前，因為研討會而到國外的時候，聽說知名交響樂團剛好也要辦演奏會，所以我和參加研討會的成員相約要一起去聽。當時，我找同桌吃飯的年輕研究者一起去，原本一直過度僵硬使用敬語的他立刻放鬆下來嚷嚷著「我要去、我要去」。聽到他這麼說，我馬上就知道這是用輕鬆語氣表達情緒。感覺到他是真的很想去，我也很開心。

假設今天有人說：「部長真的很帥氣耶，領帶之類的都好好看喔。」雖然後半段是用輕鬆的語調描述自己的想法，但是沒有人會因為語調輕鬆就覺得不高興吧？

雖然不是任何時候都能這樣用，但是對長輩還是可以用輕鬆的語調表達情緒，「關鍵時刻」請把它當作傳家寶刀亮出來使用吧。或許可以趁這個機會突破對方的心防喔！

第3章

「說話方式」和「外表」不見得佔九成重要

大誤解

看外表就可以
大概了解一個人

外表的批判
不值得信任

美國東北大學　卡爾尼等人

如同暢銷書《你的成敗，90％由外表決定》（竹內一郎，新潮社；臺灣由平安文化出版）所述，應該有很多人會靠外表想像一個人的秉性，然後再進行溝通吧。

這件事情本身並非誤解。根據神戶松蔭女子大學坂井的研究，雖然人物和場所也會產生影響，但是不同服裝的確會形塑不同的形象和性格。

外表的資訊非常重要，以外表為基礎思考如何和對方來往，基本上也是很有效的方法論。

頂尖的商務人士會注意皮鞋、西裝、手錶等搭配，就是因為這些東西會大幅左右自己的形象。雖然我沒有遇過，但是聽說在歐美，有些商務人士認為光是穿成衣西裝就不合格。

在這種很多人會靠外表判斷的狀態下，認為「穿得差不多就好」非常危險。人只要有一次負面評價就很難挽回，所以最好第一次見面就不要被看輕。

找工作的時候，前去公司面試的學生大家都穿得一樣，就是因為面試會在有限的時間內接受考官的評價，為了排除不必要的判斷，服裝也可以算是有效的戰略。

靠外表下判斷是重要的防衛系統

人會靠外表判斷，有科學上的依據。

研究人類心理的「演化心理學」，以人類的心理機制從石器時代就沒有改變為前提，認為看一眼就下判斷是理所當然的事。

請大家想像一下遠古的人類生活。人類隨時都有可能遭遇危險，例如被大型肉食動物或其他部族攻擊而受到致命傷害。在這種狀況下，眼睛所見的一切都是訊息。小心謹慎觀察四周，每個瞬間都要判斷遇到的人或狀況對自己是否有利。

也就是說，用外表判斷是保護自己的重要防衛手段。

聽聲音、聞味道或者直接觸碰都是提升信任度的判斷基準。但是，與其花時間用手去觸碰可能咬死自己的劍齒虎，還不如在劍齒虎映入眼簾的瞬間就逃走。

簡單來說，人類用外表判斷他人其實就是一種「本能」。

花時間評斷才能提升正確度

那麼究竟哪個部分算是「溝通大謬誤」呢？我認為是以外表為基準判斷的正確度。為了避免最壞的狀況，靠外表判斷並不是壞事。不過，外表帶來的印象和對方真正的樣貌不見得一致。比如說，

在長島大學萊夫科維茨（Lefkowitz）等人的經典研究中，即便是同一個人，打領帶、穿西裝的時候無視紅綠燈過馬路，周圍的人也會跟著過馬路；相對之下，穿著工人服裝的時候過馬路就不會有人跟進。

美國東北大學卡爾尼（Carney）等人的實驗顯示，相處時間愈長，判斷對方個性的精準度愈高。

過去的各種研究結果顯示，其實形成第一印象的要素非常多，包含一個人的長相、行

為、表情、說話的內容，而且這也和判斷者的年齡、職業、性別、個性等要素有關。除此之外，見面的場所和當時的話題、物理上的距離也會有影響。

因此，還是要相處才能判斷一個人。而且還要考量自己、對方還有當下狀況等各種因素。

人類的大腦很容易被「其他資訊」迷惑

人類是很容易被「其他資訊」迷惑的生物。

科羅拉多大學威廉斯（Williams）與耶魯大學巴夫（Bargh）進行的實驗中，41名受試者分別在拿著熱咖啡或冰咖啡之後，針對問卷上的人物進行判斷。結果拿過熱咖啡的人，傾向給予「溫柔」、「有禮貌」等「溫暖」而善意的評斷。

大家都知道，一句話就能改變一個人的印象。

斯沃斯莫爾學院艾許（Asch）的經典實驗中，受試者拿到以下兩種語言清單，然後由其他人來判斷拿到清單的人。

①「聰明」「靈巧」「勤奮」「溫暖」「果決」「實際」「謹慎」

②「聰明」「靈巧」「勤奮」「冰冷」「果決」「實際」「謹慎」

①和②只有「溫暖」和「冰冷」的差異，其他也都是具有正面印象的詞彙。然而，拿到清單①的人有較多正面評價，拿到清單②的人卻有較多負面評價。

人類就是如此容易被身體的感覺或語言影響，所以本來就很難單靠視覺資訊做出正確判斷。

除此之外，還有一種認知偏誤（Cognitive bias）是**月暈效應（halo effect）**。

這種現象指的是評斷某個對象的時候，只要有一個「強烈的資訊」，對這個資訊的評價就會影響對其他資訊的評價。

聽到「A先生是東大畢業的」，就會覺得A先生什麼都好。同理，如果外表好看，就會讓人覺得這是個好人；如果長得醜，就會讓人覺得連個性都很差。

而且，如果親身經歷「外表○○的人都是××類型」，那麼這種判斷就會更加根深蒂固。就算遇到不符合模式的人，光看外表也很難給予正確的評斷。

令人意外的是，人經常因為太過在意外表的判斷而錯過機會

寫到這裡，有些人可能會覺得我有點自以為是。不過活得夠久之後，以我的經驗來說，我認為判斷一個人時，降低外表和第一印象的比例，人生會比較快樂。

我年輕的時候非常在意外表。尤其是二十六歲就開始執教鞭，為了不被學生和同事看扁——我一直都穿西裝上班。然而，在我快要四十歲的時候，因為累積各種經驗，漸漸覺得外表一點也不重要了。我是四十歲的時候來到現在的職場明治大學，從那個時候開始我就完全穿便服上班，就連講課的時候也一樣。

即便是現在，我也不敢說自己「完全不在意」外表，二十幾歲時在意外表、靠外表虛

張聲勢的經驗，對我確立現在這種穿便服的態度其實也有幫助。

然而，不必我多說大家也知道，「外表並非一切」這句話沒有錯。令人意外的是，人只要太過在意外表的判斷，往往就會錯過人生中的大好機會。

不過，我希望各位同時也要注意，有很多人會靠外表下判斷，卻很少懷疑判斷的可信度。

因此，為了不要被別人誤解，打理自己的外表也很重要。（尤其是保持整潔——至少保持整潔，無論對哪個年齡、和誰接觸都很重要。一旦被認為是個邋遢的人，在月暈效應之下，就連其他部分都會遭受負面評價。）

總而言之，在評斷他人時，最好不要被外表或第一印象拘束。

大誤解

溝通能力強等於「會講話的人」

比起說話技巧，不如注意LINE貼圖

麥拉賓、阿普爾鮑姆、博懷斯特爾等人

剛才提到《你的成敗，90％由外表決定》這本書，不過說到「九成」還有另外一本暢銷書叫做《九成靠表達》（永松茂久，すばる舍）。既然這類書籍暢銷，那就表示有人誤以為「表達」就是操控語言，認為人有九成要靠「花言巧語」。

然而，這是誤會。即便是《九成靠表達》這本書中，也強調「傾聽」的重要性。會說話的人當然懂得挑選詞彙，但比起詞彙更加重視「該怎麼說」，像是停頓和發聲方式等。

語言以外的資訊占多數

如同23頁提到的，語言以外的資訊占溝通印象的大半部分，麥拉賓的研究報告指出非語言溝通占溝通印象的93％，阿普爾鮑姆、博懷斯特爾則是得到占65％的結果。因此，雖然不能說「表達以外的部分占九成」，但可以說「語言之外的資訊占多數」。

在溝通中，最重要的就是指涉語言內容和意義之外的元素——副語言（paralanguage）。副語言是「非語言資訊」的一部分，專指聲調、強弱、高低、沉默、語速等聲音元素。

低聲耳語就會讓人覺得「是不是在說祕密」，怒吼聲會讓人覺得「是不是在生氣」。大家平時應該經常像這樣按照聽覺資訊判斷語言。除此之外，表情、動作等視覺資訊也會產生大幅影響。

多注意表情、動作、聲調

其實，很多年輕人都知道非語言資訊的重要性。年輕人之所以經常在LINE等通訊軟體上使用表情符號、貼圖，就是下意識在補足光靠文字不足表達的副語言等非語言資訊。

1990年代電子信箱普及時，像我這樣的語言學者都很驚訝「怎麼會這麼方便」。儘管很歡迎這種新科技，但同時也很快就發現很多東西無法單靠文字傳達。

顏文字、字元畫（ASCII art）之所以蓬勃發展，就是為了消除這種不便。1980年代國外出現表情符號，日本則出現顏文字，1998年則是開發表情貼圖（emoji）這種讓冷漠電子郵件出現溝通溫度的符號。

表情貼圖的開發者栗田穰崇先生這樣說：

各位如果突然收到「在幹嘛？」這種訊息的時候，會有什麼感覺呢？如果只有冰冷的文字，就無法感受到對方的溫度，可能會心想「他會不會是在生氣」「要怎麼回才好」，當下覺得十分困惑吧？然而，對方如果傳來「在幹嘛？♡」的話呢？雖然是一樣的內容，但光是加上♡，就馬上帶來正面的印象，收到訊息的人也不會覺得疑惑了。

關於文字訊息的難處和愛心圖案的偉大，我身為一個呼叫器（BB call）使用者，真的感觸良多。因此，我認為只要開發能夠傳遞溫度感的表情貼圖，就能讓溝通更順利。

（引用 @Living〈風靡全球「emoji」的發明人栗田穰崇先生表情貼圖的功能與課題〉）

「在幹嘛？」這是使用傳呼機的時代常見的拼字訊息，像是漢字、英文字母等只有文字的內容也有相同狀況。

各位應該也曾經幫一些單看文字很像在生氣的內容裡，加上表情符號、表情貼圖或加上（笑）吧。「在幹嘛？♡」的「在幹嘛」屬於語言資訊，「♡」則是非語言資訊。只要用心處理這種文字以外的資訊，就能夠傳達非語言的情感。

反之，和人直接見面對話的時候，只要掌握使用貼圖的感覺，或許就能達到更好的溝通。

現在的自己，除了語言之外還傳達什麼資訊給對方呢？你可能明明想要傳達愛心符號的心情，卻用比愛心符號更難理解的表情、聲調、音色在表達喔。

大誤解

可以用「自我風格」
說話的人好厲害

溝通是「互動的行為」

保羅·格萊斯「合作原則」

大家往往會誤以為，溝通時最重要的是「表達能力」、「閒聊能力」、「詞彙能力」等自己說話的能力。

然而，那是天大的誤會。第2章有稍微提到，溝通是一種「互動行為」。

當然，自己的能力也很重要。但是，能力可以發揮多少，會大幅受到何時、何人、何地、目的、內容等「環境」影響。

如果是一對一的對話，自己和對方的發言、態度會一直相互作用，在每個狀況下都會有相應的「正確答案」，應對方式也會不斷改變。

我用一個比較極端的方式來舉例。假設現在要和一個只會說泰文的泰國人對話。比起只會說日文的聊天高手，泰文流利但內向害羞的人應該更能順利溝通。

不過，即使在這種狀況下，聊天高手也有可能發揮壓倒性的技巧，聽者也可能擁有卓越的推理能力，靠最低限度的單字和肢體語言就能溝通。

從這個角度思考，就能明白說話能力只是溝通的其中一個面向而已。換言之，光靠攻擊型的「單方面機關槍般的談話」無法成為「溝通達人」。

俗話說「會說話的人都擅長傾聽」，真正溝通能力強的人，會在溝通的攻防上取得平衡，按照對方的狀況改變應對方式，在「防守」方面也很高明。

有很多人認為自己不會說話，就判斷自己「不擅長溝通」，但是從這個觀點來看，就知道「不會說話」只代表「不擅長『攻擊』」而已。

而且不會說話，不見得就等於不擅長溝通。即便是不會說話的人，也能高明地問問題，讓對方在愉快的心情下開口說話，只要學會這種「防守」的知識，也能變得「擅長溝通」。

講話時的四個原則

無論是「攻擊」還是「防守」，語言溝通上有絕對要注意的重要原則。

那就是英國語言學家保羅・格萊斯（Paul Grice）所提倡的「合作原則」。

格萊斯認為對話的時候，人類在有意無意之間，基本上都會遵守以下四大原則。

· 量的原則：資訊量不過多也不過少，只傳達適當的量。
· 質的原則：不說明顯是謊言的話。
· 關係原則：順著原本的話題。
· 方式原則：不會用模糊不清或難懂的方式表達。

發話者會按照這些原則說話，聽者也會以對方遵守這些原則為前提傾聽。這是基本的思考方式。

也就是說，當這些原則被刻意打破的時候，聽者就會覺得不對勁。

譬如說，問一答十的發話量（違反量的原則），或者明明在下雨卻說「天氣真好」（違反質的原則），就會讓人覺得怪怪的。同理，突然換話題（違反關係原則）、拐彎抹角讓人摸不著頭腦（違反方式原則）也會讓人覺得奇怪。

因此，只要確實遵守這些原則說話，就能建構淺顯易懂的溝通。

另一方面，有時候必須刻意打破這些原則。需要刻意打破原則的狀況，背後一定有其理由。這些理由稱為「言外之意」或「含意」。

當原則被打破的時候，聽者會思考：「對方為什麼要違反原則？有什麼必須違反原則的理由嗎？」

我們舉例來看看吧。

「顧左右而言他」就是典型刻意打破「合作原則」的模式。

忘記結婚紀念日的A，下班後和同事去喝酒，半夜快十二點才回家。讓在家裡準備豪華料理的B氣得直發抖——在這樣的狀況下，B開口說話。

B「之前就說好要在家裡慶祝結婚紀念日了吧？」

如果不違反任何一項原則，老實道歉的話——

就會出現這樣的回答。

A「對不起，我完全忘記了，所以跑去和C喝酒……」

接著，我們來試著想像，A顧左右而言他的狀況。

①A「C搞砸了一項工作，我好不容易幫他收尾，所以他很感謝我，非要請我喝一杯當作回禮。因為他很認真想感謝我，我也不好回絕……」

②A「手機的日期顯示有問題，我以為是明天……」

③A「那、那瓶紅酒是我之前說很喜歡的牌子對吧，謝謝妳記得！」

④A「我、我記得紀念日啦……」（愈來愈小聲）

①～④全都違反原則。

①違反量的原則。明明沒有人問詳情，卻一直做一些不必要的解釋。

②違反質的原則。基本上手機會自動對時，所以很容易就能推斷是不自然的謊言。

③屬於經典的顧左右而言他。勉強轉移話題，明顯違反關係原則。

④雖然不是什麼太誇張的謊言，但是沒有老實承認失敗，一直迴避明確的溝通。吞吞吐吐的說話方式就違反方式原則，會讓人覺得很奇怪。

除此之外，像①當中出現C的故事如果是謊言，就同時違反量的原則和質的原則。包含①在內的對話若加上「不是，那個，就是啊，C搞砸了——」這種「吞吞吐吐」的感覺，也違反了方式原則。

聽到這樣的回答，B就會推測A是在找藉口，想辦法顧左右而言他。

當對方違反原則，你手上就擁有武器

如此看來，應該有很多人想起自己也有「違反這些原則的時候」對吧？我認為這套理論真的很完整。我建議各位，如果在對話中感到不對勁，不妨試著思考看看：「對方是不是違反某個合作原則？」如此一來就能找到原因，讓對話朝有利的方向展開。

另外，有一種常見的狀況是明知對方說謊，但又怕戳穿會很尷尬。

在這種狀況下，覺得哪裡「不對勁」而感到煩悶，和確定對方「說謊」卻不說破兩種狀況差很多。只要應用合作原則，即便是認為自己不擅長溝通的人，心裡也會比較游刃有餘吧。

請各位務必謹記格萊斯的合作原則，試著分析日常對話。就算是不會說話的人，只要擁有這些知識，就能減少人際關係上的問題，獲得諸多好處喔。

大誤解

聰明人
不會被詐欺

愈聰明的人
愈容易被騙

牛津大學　卡爾與比拉里

在牛津大學卡爾（Carl）與比拉里（Billari）的研究中，顯示愈聰明的人愈容易相信別人。

在實驗前進行的各種測試，並判定受試者的智商程度，而且確認過收入、已婚未婚等條件，結果都顯示無論條件好壞或有無結婚，聰明的人都比較容易相信別人。

大家可能會覺得很意外，不過有錢人和優秀的人經常被詐騙。這種傾向本身的大前提應該也包含了「因為有錢所以容易成為詐騙的目標」。

除此之外，報告也指出，一般來說這和經濟能力、學歷有一定關聯，所以有可能是這個社會階層的人身邊比較沒有詐騙等犯罪情事，導致這個族群的人比較沒有戒心。

那麼人為什麼會被詐騙呢？

首先，**人類有「正常化偏誤」（Normalcy bias）的機制，會低估對自己不利的資訊。**

譬如發生大地震的時候，認為「我們家應該沒問題」就不採取避難措施——像這類的情況，大家應該都能想像得到吧。

正常化偏誤本身是一種在不安之下保護自己的心理機制，不能說這種機制絕對不好。但是，就像遇到天災時應該要避難一樣，有時候真的會釀成禍事。

不須我多言大家也知道，正常化偏誤這種機制遇到詐欺師的時候就會導致最糟的結果。因為自己很優秀就認為「我怎麼可能被騙」，才會出現外食企業龍頭被騙三十億日圓的「M資金詐欺事件」這種大型的詐騙案。

除此之外，在分析審判紀錄的時候，我就在想，如果是遇到一心害人的專業詐欺師，而非為生活所逼只能走上犯罪一途的人，想要自我保護的話，比起腦袋聰明，或許經驗更為重要吧？無論聽不聽明，如果像是那些過著充滿暴力生活的法外之徒，應該很難被騙吧。

人之所以會被騙還有一個原因，**因為很聰明，所以想像力也比較豐富。**

倫敦大學斯斯珀伯（Sperber）和威爾遜（Wilson）提出「關聯理論」（Relevance Theory）。在關聯理論中，聽者會盡量結合原有的知識和經驗，來解釋自己接收到的資訊。

電話詐騙就是利用這種人類的理解機制發展出來的犯罪模式。在電話中聽到「是我啦」的被害人，會對照自己擁有的知識，擅自朝對詐欺師有利的方向解釋。因此，擁有愈多知識經驗的人，愈容易連結接收到的資訊。

模仿「運氣好的人」你也會跟著好運

我寫了這樣的內容，大家可能會以為我是要表達「不要相信別人」。

然而，我想表達的其實是「即便再優秀的人也會被詐騙」，希望大家不要過度被正常化偏誤影響，在這樣的基礎上相信他人才是最重要的。

因為我們每天的行為，可以將模糊的「能力」具體化。邁可．桑德爾（Michael J. Sandel）的著作《成功的反思：混亂世局中，我們必須重新學習的一堂課》（鬼澤忍譯，早川書房；臺灣由先覺出版）曾引發話題，我和桑德爾有相同見解，認為人類的能力和環境高度相關。

譬如說，努力提升知識能力的人，也是因為身處於能夠努力的環境之中。即便是不需要太努力，功課就比別人好的人，也是因為擁有天生就聰明的幸運「環境」，才能變得優秀。

有個研究是這樣的——

赫特福德大學的懷斯曼（Wiseman）分別調查認為自己「運氣好」和「運氣不好」的人，發現所謂的運氣不是單純的偶然，而是大多來自「幸運兒」每天的日常行動。

發現幸運兒共同特質的懷斯曼，還針對「運氣不好的人」展開「幸運學校」（Luck School）的演練，讓他們模仿「幸運兒」常見的行為。

結果，很多參加者都覺得自己「變幸運」，而且健康狀況和自信都得到提升。

相信別人就容易變得幸運

在「前言」我也提過，「幸運兒」的特質包含外向、不會神經質、喜歡與人往來等各種元素。

靠自己的能力抓住機會，很少會被形容成「幸運」。因此，所謂的運氣，應該大多都是來自於外部。也就是說，外向的人之所以容易擁有好運氣，道理其實非常簡單又合邏輯，說是「科學事實」也不誇張。（順帶一提，所謂的「科學事實」指的是有一定法則且具有再現性的現象。）

這裡的重點在於，雖然不是全部，但是「運氣不好的人」在幸運學校模仿幸運兒的行為之後，覺得自己也變得幸福是不爭的事實。

而且，在卡爾等人的研究顯示，聰明人的共通點就是大多「容易相信別人」。

這不就表示，「相信別人」會促使人的智慧得到成長嗎？

一個人無法完成任何事。即便是我們現在理所當然遵守的社會規則，也是父母和學校老師教我們的。

也就是說，要去做自己無法完成的事情時，必定要借助別人的力量。沒有去補習班或上學，靠參考書或影片學習的人，也是藉助了參考書作者、編輯還有影片創作者的力量才能生存。

容易相信他人的人，在碰到困難的時候，會有很多人可以依靠。而且，在累積許多得到幫助、克服困難的經驗之後，自己的能力也得到提升。

行為受環境的影響很大，所以懷斯曼的研究，也可以說是為桑德爾的主張提出有力的支持。

在貧困家庭中成長的孩子，很多時候沒辦法模仿富家子弟的習慣。然而，「相信他人」這一點就比較不受環境影響。而且，相信他人或許也能鍛鍊自己的智慧，讓自己變成一個幸運的人。

如此想來，身處於危險重重環境中的人，可能真的需要慎重地對他人抱持懷疑，但因為怕被騙而不敢相信別人，反而會帶來很多缺點。

「愈笨的人愈容易被騙」這種想法是一種誤解，我希望大家能多注意——話雖如此，我仍然認為「相信他人」的基本態度可以在人生的各種局面中招來幸運喔。

第4章

防止遭受騷擾以及不應該騷擾別人的科學根據

大誤解

只有自己一個人
發聲也沒用

只要「有一個人認同」就有助於擺脫同儕壓力

斯沃斯莫爾學院　艾許

本章要談的是「騷擾行為」。雖然是很敏感的話題，但是為了不讓周圍的人受傷，我認為應該要冷靜地重新審視騷擾行為。而且，現在應該就有讀者正處於被騷擾的狀態。

我希望本章的內容，有助於被騷擾的人自我防衛。

即便是相同的言行也要「視對象而定」，這一點是關鍵

開頭我想告訴大家的是大原則——「溝通是一種『互動行為』」。溝通是說話者的意圖與對方的解釋相乘後的結果，所以即便是相同的言行，算不算騷擾要「視對象而定」。這一點一定要先掌握清楚。

很遺憾，沒有什麼魔法可以應對所有騷擾行為，所以先撇除對方真的出於惡意（如果出於惡意，就需要求助騷擾防治委員會或者勞動問題的團體或律師），再試著思考「對方或許沒有惡意，但我仍然希望對方不要這麼做」的情況下該怎麼辦。會做出騷擾行為的人，大多會說「我和X說過一樣的話也沒什麼問題啊」。這是因為這些人不懂或無視溝通的原則。

人類習慣依賴過去的成功經驗。曾經成功過的事情，下一次就不需要再耗費成本或者以低成本就能重現。因此，往往會一再重複相同的行為。

如果是這種類型的話，委婉地告訴對方「這樣是騷擾行為喔」，或許可以達到相應的效果。

因為取消文化而失去工作的時代

無論是什麼樣的發言，接收方的理解都不可能百分之百符合自己的意圖或想法。即便如此，人類還是能溝通，就是因為可以做到「差不多一致」就好。即便是早上打招呼說「早安」，也不可能要求對方百分之百理解自己期望的回應，不過因為這是「解釋範圍狹窄的詞彙」，不會產生太大偏差，所以互相打招呼其實很簡單。

另一方面，有可能會被當成騷擾行為的言行，會在某個部分包含粗暴的元素，而且解釋範圍很廣，因此說話者和接收者對發言主旨的理解就很有可能產生齟齬。

的確有時候會因為這樣，形成積極的溝通局面。然而，那只是「有時候」而已。有時候嚴厲的斥責會被當成「激勵」，說黃色笑話也有可能臭味相投，如果要問有沒有這種可能，那的確是「有」。

話雖如此，這種情況下，要達到良好互動的條件非常複雜。另外，外表和性方面的內容，一般來說屬於敏感話題，應該有很多人都不想觸碰。

另外，乍看之下溝通順利，但也可能在對方過度揣測狀況下，導致溝通流於形式……這種情形也有可能發生。把這些言行狡辯成「因為想跟對方親近才這麼做」其實很牽強。

請回想格萊斯的「合作原則」（95頁）。對想要親近的女性，說一些不見得每個人聽起來都舒服的話，其實就已經違反質的原則和方式原則了。如果其中又包含性方面的內容，除非對方和你有特殊的關係，否則被當作騷擾也是理所當然。

再加上，不需要我多說大家也知道，時代已經大幅改變。

以前會被當成是激勵的話語，現在已經變成單純的人格攻擊，也有很多男性對黃色笑話敬而遠之。

一直沿用「過去」行得通的方式，如字面所示已經過時了。

另外，我希望抱持著惡意騷擾別人的人，能夠意識到自己可能會被這個變動的時代淘汰。歐美盛行「取消文化」（cancel culture），有愈來愈多人因為一些不久以前、只是稍微引起話題的一時失言等風波就丟了工作。這不是在開玩笑，很多人因此失去以前累積的所有一切。

如果你想找別人麻煩，最好評估是否冒著「被取消」的風險也要去做。

新聞報導說，身在只是參與示威就會被抓走的國度，很多俄羅斯人仍對俄羅斯攻擊烏克蘭這件事表達抗議。有愈來愈多年輕人不受限於「國家」框架，試圖團結全世界受苦難的人們，表示今後這種思想會愈來愈發達。

雖然有些案例會讓人覺得代價過大，但是取消文化盛行的背後有正義感支撐，所以日本也開始出現這樣的潮流。應該沒有人會冒著賭上自己人生的風險，也要去騷擾別人吧。

只要有一個人認同就能擺脫同儕壓力

我還想告訴那些不是騷擾加害者，也不是被害者的人一件事情。因為有「不安」，才會催生因揣測上意而無視騷擾行為的人。

當大家都默默忍受時，人往往就會在同儕壓力下一起閉嘴。

一想到之後可能會被責備……，就覺得很害怕。

認為自己這個時候出聲可能會犯錯。

當然，會有這些疑慮很正常。

如果我是年輕員工，被父母輩的長官騷擾，我也會設想反抗長官可能讓自己丟了飯碗，實際上或許也真的如此。

不過，這種情況要是說「你應該要反抗」又太過蠻橫。這不是在草率的判斷下就能得到結論的問題。

不過，應該有人是想面對加害者，但缺少一點勇氣。這個時候我希望大家理解，「有一個人認同」的重要性。

斯沃斯莫爾學院的艾許曾經做過「艾許從眾實驗」（Asch conformity experiments）。

艾許讓七名受試者觀看畫了一條線的卡片A和畫了三條不同長度線條的卡片B。

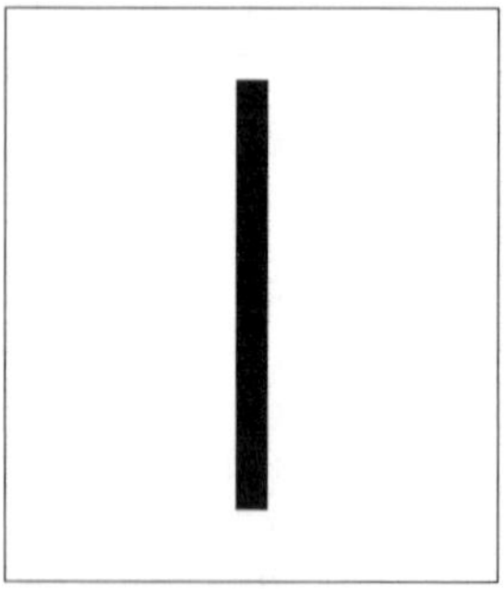

卡片 A

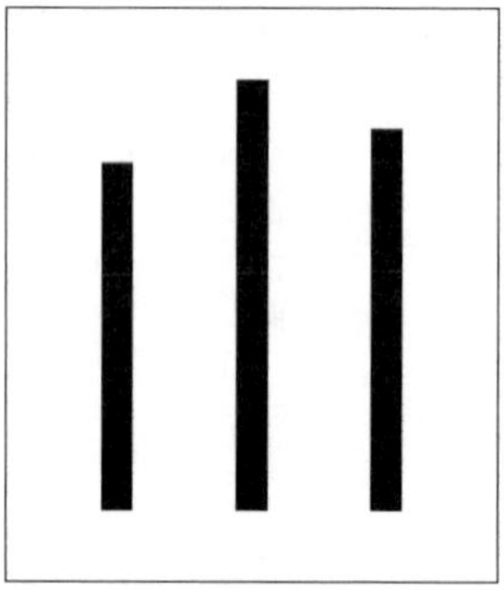

卡片 B

然後，按照以下的條件，讓受試者從卡片B中挑選和卡片A等長的線條。

‧由六名說謊者先回答，讓真正的受試者最後回答
‧重複進行十二次，說謊者在其中七次都會回答錯誤答案

三條線的長度不同，只要仔細看就會不會出錯。

然而，受試者的誤答率達到37％，不需要我多說大家也知道，真正的受試者都是在前面六個人說出錯誤答案的那幾次出錯的。

就連有明確答案的問題都會得到這種結果，那麼面對需要煩惱的因素眾多、一點也不單純的騷擾問題，同儕壓力的強度更是超乎想像。

不過，這場實驗得出的結論可不只如此。艾許也提出擺脫同儕壓力的必要元素。

實驗在每次測試中，加入選擇正確答案的說謊者，也就是創造夥伴後，受試者和其他五個人一起選擇錯誤答案的機率驟降為5．5％，大幅接近原本的正解機率。

也就是說，只要有一個人站在自己這一邊，或許就會有人願意說出正確答案＝真正的想法。

當各位明知有錯卻差點就要跟著附和的時候，請想想這個實驗。如果你是飽受折磨的當事人，請試著找到一個夥伴吧。光是這樣，心情或許就會大幅改變。

大誤解

對方有在笑
應該就表示OK吧

內心和外表
不見得一致

杜伊斯堡－埃森大學　雪佛等人

和前文提到「我和X說過一樣的話也沒什麼問題啊」的狀況類似，在騷擾行為的審判案例中，經常會聽到「對方有笑」「看起來沒有不高興」等陳述。

這是很常見的模式。不過，這種誤解其實也有很科學的理由。

之前提過「月暈效應」和「正常化偏誤」，我們身邊其實還有很多各種不同的偏誤。其中之一，就是只收集支持、補強自我思想的「確認偏誤」（Confirmation bias）。一旦產生某個想法，就認為這是正確答案。之所以有很多人強烈相信那些一看就是陰謀論的事情，就是因為確認偏誤帶來大幅影響。

簡而言之，與其說是誤解或誤會，不如說是本人「想怎麼解釋」就會變成那個樣子。各位看了可能會覺得不愉快，不過有很多性騷擾者都主張「對方欣然接受」。

「做的人怎麼想」根本不重要

而且，內心和外表的表現不一定一致。

極端地說，至少在騷擾行為這個範疇，「做的人怎麼想」一點也不重要。除了確認偏誤，態度和外表也不見得能表達內心的想法。

首先，人有可能是「臉上帶著笑容但內心哭泣」，強忍著裝堅強，而且根據普林斯頓大學阿維澤爾（Aviezer）等人的研究，「痛苦」和「開心」表情其實沒有太大差別。也就是說，就算看到別人痛苦的表情，也有可能被解讀成「開心」，這是很常見的狀況。

過去，大家都認為人類表達情感的方式，無論地域或民族都一樣。然而，在文化人類學的田野調查等學問普及之後，發現其實這是一種誤解，譬如說在巴布亞新幾內亞，張大嘴巴不代表驚訝，而是在生氣。進一步說，

在杜伊斯堡－埃森大學雪佛（Schiffer）等人的研究中，讓男性和女性受試者看對方的表情猜測情緒時，發現男性對女性的判斷正確率只有判斷同性的一半。

當然，也有加害者是女性的情況（雖然比例低，但仍有女性對男性或者女性對女性的

性騷擾案例），所以這項研究並不能算是定論。

不過，各位應該能由此理解，人類的感受並不可靠。順帶一提，還有研究指出，即便都是女性，也有人不擅長解讀情緒，而且男性的情緒相較之下比較容易觀察。

雖然已經多次強調，不過我還是要說溝通的結果來自「和對方之間的加乘效應」。再者，雖然是由自己判斷言行「會讓對方怎麼想」，但判斷基準應該要參照一般情況才對。

送對方想要的禮物後，看到對方「開心」的表情，我認為的確可以坦率接收這樣的情緒。然而，在可能被當成性騷擾的情況下，即便對方看起來「開心」，那也幾乎百分之百是誤會。

反之，如果遭受職權騷擾，自己已經表達抗拒，對方卻沒有接收到訊息，那就表示對方有可能陷入這種誤會之中。

人類的認知偏誤非常頑強，所以即便明確傳達「不開心」，也有可能會被當作「開心」。像這樣已經無法用溝通的方法解決，很難處理時，就需要職權騷擾防治委員會或訴諸法律。

大誤解

在網路上匿名發文
就不會被知道真實身分

數位文字比手寫更容易暴露真實身分

京都大學 金

近年來，伴隨網際網路的進步，在社群媒體上騷擾特定人物、批評公司、透過電子郵件發送職權騷擾的文字或圖像等案例愈來愈多。

基本上大家會推測這類內容大多出於惡意，但其實這種攻擊也不見得全都不好。因為遭受職權騷擾、道德騷擾、性騷擾的受害者，至少可以反擊。

不過，無論站在什麼立場，我想告訴那些曾經接收或發送這類型的發文、信件、LINE對話的人，「只要認真調查文章內容，幾乎都能抓到書寫者是誰」。

可以用數據分析選用詞彙的時代

對筆跡鑑定的專家來說，筆跡特徵可非常精確地斷定書寫者。因為寫二十次「阿」，就算每次都不太一樣，也能從那二十次之中找出筆跡的共同特徵。

你可能會覺得，相較之下數位文字就沒有這種特徵。然而，根據京都大學金的知名研究顯示，其實用電腦和手機輸入的文字，能夠輕易找出書寫者。標點符號的用法和文字組合等，都隱含著個人特徵。即便是手機這個詞，也會有人用「電話」、「行動電話」、「智慧型手機」等不同的表達方式。

把這種容易顯露個人習慣的特徵，放在包含他人文字的大量數據庫裡解析，會比手寫文字得到更精確的判定結果。

《文學大數據：如何找出暢銷書指紋？解構1500本經典與名作家的寫作祕密》（班．布萊特著，坪野圭介譯，DU BOOKS；臺灣由PCuSER電腦人文化出版）作者班．布萊特把單字使用頻率這項特徵稱為「指紋」。

書中介紹史蒂芬．金用另一個筆名「理察．巴克曼」和J．K．羅琳用其他筆名「羅伯特．加爾布雷斯」創作的作品，指紋最為一致的仍然是本人。

這項技術也應用在辨別莎士比亞戲曲的真偽。以前被視為出自莎士比亞之手的作品，在技術進步的現代被判定為仿作，甚至創出「莎士比亞外典」一詞。

即便是標點符號有嚴格限制的英語都能做到，那麼同時使用平假名、片假名、漢字、英數字、羅馬字的日本人，應該會有更多能夠確認特徵的地方。作家長谷川梅太郎分別使用過林不忘、牧逸馬、谷讓次三個筆名，但是在統計處理過後，馬上就判別出真實身分。

受害者寫出的虛假文章

我以法律語言學家的身分實際分析過的案例當中，有一份由B告發A職權騷擾的信件。這份文件由C提出，但C的電腦或手機都沒有信件的收發紀錄，而是由一般文書軟體編寫而成。

分析B以前寫過的信件和網站上的發文等文章後，發現那封告發信幾乎可以百分之百確定由B以外的他人寫成。也就是說，這封信很有可能是某人為了貶低A而捏造的虛假的文章，把B設計為受害者，但其實這件事和B一點關係也沒有。（順帶一提，科學沒有「絕對」，結論還是由法官判斷，所以即便解析結果是百分之百，但傳達分析結果時會說明「由本人撰寫的可能性非常低」。另外，特此聲明，審判相關人士表示只要不談細節，就可以把案例寫在書籍等媒體當中。）

文章會顯著地表現出性別、環境等社會屬性，所以能廣泛應用在這種案件上的異同鑑定、書寫者側寫（找出特徵）等情況。

由於社群媒體上的毀謗情形日益增加，2021年4月日本政府公布《服務提供者責任限制法》修正案，讓受害者能夠盡可能輕鬆提起訴訟，可見社會架構也逐漸出現轉變。

認真想找出犯人的話，就算對方是在網咖發文，沒有使用自己的電腦、手機、自家Wi-fi，還是能揪出犯人。認為只要匿名發文就不會被發現的人，應該改變想法了。

順帶一提，覺得心虛的人看完這篇文章可能會刻意改變措辭來規避調查，但是醜話說在前頭，這種程度的改變完全不會影響分析結果。

大誤解

只要反擊就可以
帶給對方最大的傷害

擊退騷擾行為的方法就是「無效化」

北海道大學　尾崎等人

真正惡質的騷擾行為，應該要透過所屬組織的騷擾防治委員會處理，如果沒有的話，也可以找支援勞動問題的團體或司法機構，但是當對方有意溝通，或者真的「沒有惡意」，或許某種程度上來說還有救。

三浦知良選手的高情商應對

北海道大學尾崎等人的研究顯示，針對誹謗中傷的行為，「無效化」是最有效果的對策。

人稱KING KAZU的三浦知良選手，就是無效化的具體案例。2015年，當時四十八歲的知良選手成為J1足球聯賽最年長進球球員時，棒球評論家張本勳先生在TBS的資訊類節目「Sunday Morning」上說：「雖然對知良選手的粉絲很抱歉，但還是請您引退吧。您根本不需要苦撐，反正都已經是這種等級的選手了啊。」電視畫面上還打出「訓斥」的標記。

這番言論在社群媒體引發論戰，雖然張本先生不斷說出毒舌的話，但知良選手仍然回應：「我覺得他是要我繼續加油，要我讓他說出『做到這個程度的話不用引退也沒關係』這句話。我認為這是一種激勵的方式，我會繼續加油。」讓張本先生也不得不稱讚「想不到他是會說出這種話的人」。

張本先生對於2021年在奧運獲得女子羽量級拳擊金牌的入江聖奈選手也發表過高見：「女性當中也有喜歡互毆的人呢。這可怎麼辦，還沒嫁人的小姐打成一團。還真的有人喜歡這種比賽啊。」這席發言同樣引發熱議。

我認為大部分的問題出在他沒有趕上時代和價值觀的變化。不過，這也只是因為對事物的看法和現代的標準不同，本人應該沒有惡意，只是想激勵選手而已。

反擊有可能會讓情況更糟

回到知良選手的例子，他把張本先生「指責」的語言行為當作是「激勵」，徹底讓發言的負面效果無效化。

而正面衝撞這種令人不悅的發言就是「攻擊」。一旦開始互相攻擊，就會沒完沒了。知良選手沒有用攻擊的方式反駁，而是從善意的角度解釋，不只張本先生自己，就連看到這場騷動跟著攻擊張本先生的人，也會心想「既然知良選手本人都道謝了……」然後就此罷手，如此一來還發揮了為輿論滅火的效果。

在這個案例中，知良選手的品行以及不因「指責」而受傷的堅韌的確大幅影響了結果。

不過，在職場上，即使是受到地位比自己高的人職權騷擾，也可以參考這種做法。

儘管沒什麼惡意，但是在說出傷人的話時，對方如果精神不穩定或者對受害者有什麼誤解，那對當事人來說就是一種粗暴的騷擾。

如果正面攻擊這種類型的加害者，反而會刺激對方，使自己遭受更有攻擊性的語言或行為，很有可能會讓事情變得更嚴重。

之前也提過，直接說「你這是騷擾」，根據對象不同，也有可能反而讓對方抓狂。基本上，即便是聽得進意見的人，也最好用委婉的方式表達。

對當事人來說，可能會覺得很不合理，認為「為什麼我還要看人臉色」。不過，為了盡可能避免之後的麻煩，我還是建議忍住想要回擊的心情，把重點放在無效化會比較好。

大誤解

~~找屬下去喝一杯
會被討厭~~

提議「一起去吃美味的燒肉」或許可以防止誤會

明治大學　堀田

有可能是因為疫情的關係，近年廣受矚目的酒精騷擾大幅減少。硬要不會喝酒的人喝酒，或者硬邀不愛參加聚餐的人下班後喝一杯，就是所謂的酒精騷擾。

還是有人會想要邀人喝酒，或者想被邀去喝酒

急性酒精中毒有可能會招來死亡事故，所以我希望大家都應該要知道勉強不會喝酒的人飲酒，確實有其危險性。

但是，我是一個「爬著都要去聚餐」的人，也是一名大學教授。因此，我有很多愛酒也愛聚餐的朋友，也有很多機會聽到年輕人（學生、畢業生）聊到無法拒絕長輩邀約、遭受酒精騷擾的故事。

某媒體委託我分析以前及現在飲酒溝通狀況時，在做完問卷調查後，發現眾所周知的酒精騷擾其實也存在誤會。

據調查，大概有一半的年輕人「不想和上司一起喝酒」，同時也有一半的上司「不想和年輕人一起喝酒」。

有些人看到後者可能會覺得意外，不過，詳細調查理由發現，有三成的人不喜歡酒席上還要顧慮年輕人或異性的感受。無論什麼年齡，不喜歡職場酒席，而是「想和無須小心翼翼的同伴一起喝酒」的人肯定很多吧。

然而，從另一面來看，有一半的人其實「想去喝一杯」。

實際上，即便都是年輕人，有人和長者比較聊得來，也有單純喜歡喝酒的。應該也有人是不喜歡上司也不喜歡和上司一起喝酒，但為了出人頭地還是想給對方留下好印象。

我偶爾會聽到喜愛聚餐飲酒的人感嘆，年長者會覺得「不好主動邀約」，晚輩則是心想「很難開口邀約，感覺像是硬要對方請客」。

因為那些強迫別人喝酒的傢伙，讓這些單純想喝酒的人想太多，導致讓愛酒人士雙贏的聚餐大幅減少。

定義聚餐的「目的」

為了減少這種雙方的誤會，以格萊斯的合作原則重新定義「聚餐」非常重要。

勉強不能喝酒的人參加或是強行灌酒絕對是大忌，不過也有不少人雖然喜歡喝酒，也喜歡和無需顧慮太多的好友聚餐，但是討厭「職場上的酒席」。

為什麼會有這種情形呢？因為「職場上的酒席」本身就會引發讓人討厭的現象。具體來說，像是上司的抱怨、說別人壞話、說教、被迫聽一些無謂的當年勇，再來就是強迫不能喝酒的人喝酒。即便自己很會喝，看到別人被灌酒也會覺得不愉快。

這種酒席說是「聚餐」，其實違背了方式原則（避免模糊的說法）。邀約的時候應該要說清楚：「要不要參加『上司的抱怨與說教大會』？」（當然，我是開玩笑的。）

根據前述的調查，另一個不想去聚餐的理由是「不想在下班時間和工作上的人有往來」，女性有35％、男性有26％的人這樣回答，占整體的三成。這些人想要區隔私人時間和工作時間。也就是說，下班之後就想要完全掌控私人時間。

另外，也有人認為「明明沒有付薪水，聚餐卻要聊工作的事情，實在不懂為什麼要去」。由此可見，聚餐幾乎被當作是加班了。

既然如此，聚餐的目的不要和工作掛勾才是上策。

按照格萊斯的原則，要解決這個問題，首先必須清楚提示「目的」。在邀約的時候用心在表達「為什麼聚餐」。

「享受料理」這個目的最簡便快速，但這個時候還是要多提供一些附加價值讓對方想去。「我找到一間每天提供三十種手工啤酒的店，一起去喝一杯吧！」、「我預約到一間超難約的燒肉店！」「米其林指南選中的平價絕品雞肉料理店幫我們準備了特別餐喔！」「我訂到一間法國料理店，而且是可以看到河邊櫻花的室外座位喔！」像這樣稍微多幾句話就可以了。

如果是這樣的話，即便是討厭聚餐或加深同事情誼等目的的人，也會比較有可能開開心心地參加。這種狀況下，目的就不是「和上司去喝酒」「陪前輩聊天」，而是變成「去一間很有話題、能拿出來說嘴的店」。

有些店的消費單價可能比較高，或許會燒很多錢，不過如果吃飯才是目的的話，就不一定要喝酒，以35頁介紹的午餐技巧來說，享受食物也會讓聚在一起的人留下好印象。

如果「明示聚餐的目的」在組織內變成理所當然的事，那麼大家就知道「單純的飲酒

會」可能會是地雷，也可以幫助不擅長應付「職場聚餐」上被灌酒或負面抱怨的人閃避危機。

我自己其實也不太會喝酒，所以不太喜歡那種只有簡單料理、酒的種類也只有發泡酒或各種燒酒兌氣泡水的聚餐。但是，如果知道有美味料理的話我就會想去，那家店要是有很多酒精飲料可以選擇，那麼一邊喝酒一邊了解一些稀奇古怪的事情，我也會覺得很開心。

在公司裡處於高位的人，不妨引進這種規則。剛開始大家可能會覺得奇怪，邀大家去喝酒反應可能也不會太熱烈，但是只要堅持不退縮，時間久了參加的人開始口耳相傳「我們部門的聚餐不會讓人覺得不舒服，還可以聽到有趣的事，不會喝酒的人也能玩得開心」，就會漸漸看見效果了。

運氣是別人帶來的

話雖如此，聚餐這種溝通方式，要參加者直到最後都開開心心地解散才能成立。

無論是超有人氣的名店、或是熟客才能預約的餐廳，甚至以學生或新員工付不起的金額請客，只要一副高高在上的樣子，強迫別人喝酒、言行粗魯的話，還是會被討厭。在迴避酒精騷擾的聚餐上，出現職權騷擾或者性騷擾的行為也沒有意義。

與其和討厭的上司一起去高檔餐廳吃套餐，還不如和喜歡的朋友一起到便宜居酒屋吃蛋包炒麵，這就是人性。如果心裡可能會出現「都帶你來這麼好的店了還不知感恩」的念頭，那一開始就不應該邀人家出來喝酒。

順帶一提，一定也有讀者是喜歡和長輩聊天，也喜歡喝酒外食，萬一上司因為喝酒有點醉也不會在意。如果是這樣的人，請試著主動告訴能幹的上司「偶爾也邀我去喝一杯嘛」。有很多通情達理的愛酒人士，為了避免酒精騷擾，忍著不邀年輕人去喝酒呢。

現在這個時代，很少會有年輕員工自己主動和上司親近，所以光是說出「偶爾也邀我去喝一杯嘛」這句話就已經很稀罕了。只是嘗試積極溝通，就有可能讓上司留下好印象。

實際上，我的酒友很多都是經營者或是業績鶴立雞群的商務人士，他們從來不會抗拒這種溝通。並不是出於客套邀約「下次一起去吃燒肉吧」，對方就會主動聯絡「什麼時候去啊」。而且，我們還會帶彼此喜歡吃肉的朋友一起去，自然而然就變成不同業種的交流大會。

運氣是別人帶來的。一面之緣可能會連結到當初無法想像的未來。我已經有過好幾次這樣的經驗了。

人類是社會性動物。和他人交流就是人類刻在基因裡的本能。自己一個人做不到的事情，借助別人的力量就有可能完成。和很多人交流，能夠拓展自己的可能性。實際上，有研究指出愈是善於社交的人，就有愈多朋友，也更容易借助他人的力量，所以解決問題的能力很強。

「企業招聘員工時追求的條件」第一名就是溝通能力，我想應該就是因為這樣。如果不是有明顯缺點的話，願意抓住機會，和不認識的人見面，和在職場上只有工作交流的人聊私事，我認為非常重要。

第 5 章

不需要展現「真正的自我」，只要替自己做好人設就能活得輕鬆

大誤解

個性
無法改變

只要裝到底
就會成真

史丹佛大學　津巴多

若你是認為自己不擅長溝通的人，本章將會帶領各位一起思考，有哪些元素能夠提升溝通能力。

如果自知不擅長和別人對話，認為自己溝通能力很差，那麼請在批評自己之前，先想想自己是在什麼狀況下無法順利溝通。如果情況會因為對象不同而改變，那斷定「自己是無法表達自己的人」可能就言之過早了。

根據立命館大學佐藤與帶廣畜產大學渡邊的研究，人的性格會因為「模式」而改變，並非一直都相同。

你和父母、朋友、同事、初次見面的人說話時，有沒有變成不同的人呢？人類的個性並非一成不變，而是會因為對象、時間、地點、狀況、心理狀態等「環境」而改變。

因此，斷定「我是這樣的人」本身就是謬誤，或者是說你有可能因為這種偏見或這句話束縛了自己，變成那樣的人。

首先，重新設定自我意識，找出最能侃侃而談的「自己」會出現在和誰對談的時候，然後練習想像這種狀態，讓你在面對其他對象或狀況的時候也能侃侃而談，這一點非常重要。

人格會因為環境改變

人的個性是會變化的，所以我建議「裝到底」。

1971年，史丹佛大學的津巴多進行了一場知名的「史丹佛監獄實驗」。津巴多認為「人類的行為會被環境影響，而非個性」，所以他在大學內打造一個真實的監獄，找來21名一般個性的年輕人，隨機分配11人當獄警、10人當囚犯。結果，一開始還抱有罪惡感的11名獄警，言行愈來愈囂張，原本預計為期兩周的實驗，到第六天就被迫中止。

近年針對該實驗的細節有愈來愈多疑義，也有研究結果顯示在相同的情況下什麼都沒發生就順利結束。

儘管「環境造就人格」、「角色造就人格」多少有點程度上的差異，但在心理學上幾乎可以說是既定事實了。

以身邊的例子來說，我在明治大學的課堂只要選出班長，有些原本不覺得個性積極的學生，就會突然開始發揮領導能力。各位環顧周遭，無論是在學校或者職場，應該見過成為「某某長」之後突然變一個人，說話方式和態度都隨之改變的情況吧？

因此，如果你覺得自己不擅長溝通，只要徹底扮演一個長袖善舞的角色即可。就算沒有練習的對象也OK。尤其是生性害羞的人，沒有練習對象反而比較好。

溝通上的反應、回答能力，需要另外透過實戰訓練，但是說話可以一個人練習。

這是我自己認真實踐過的方法。當初因為要去美國留學，讓我對英語會話感到很不安，在出發前一直獨自練習英語會話。

我們經常聽到「練習的時候做不到的事情，正式上場也會做不到」這句話。我想也有運動選手正式上場的時候才得到成功經驗，不過開口說話這件事的確是「一個人的時候說不出口的話，對話的時候也開不了口」。

因此，我認為模仿喜歡的電影、動漫裡面擅長溝通的人物，自己在房間裡自言自語也是很好的練習。我自己以前也是拼命模仿台詞自言自語。這些練習對我真的很有幫助。

實際上去到美國之後，雖然速度跟不上，對話時該如何回應也需要時間習慣，但自己主動開口啟動對話還是勉強能做到，只要能開頭就能增加實戰的機會，所以我也漸漸了解該怎麼回應對方，找到順暢對話的方法。

獨自在腦內訓練

接著，在我能夠主動向別人搭話，累積愈來愈多對話練習之後，我發現**專注力＝閒聊力**。

我不是什麼「溝通大師」，所以在日本能夠輕鬆對話、心靈有餘裕的時候無法理解這一點，直到面臨「必須用英語對話」的狀況時，我才漸漸發現自己必須觀察各種事物。

舉一個單純的例子，要能夠對瀏海稍微變短的人說出「你換髮型了嗎？」這句話，其實需要持續觀察對方。

據說以絕妙說話技巧聞名的日本旅行導遊平田進也先生，會大力稱讚自己看到的一切，譬如說：「您的耳環真可愛！」大力稱讚對方。雖然有可能會被吐槽：「你什麼都說可愛吧？」但如此一來，又能再創造下一個話題。而且，就算要誇獎，沒有好好觀察對方也做不到，所以還是需要觀察能力。

從語言學的角度來說，**對話有兩種功能。一種是收發資訊，另一種是建構人際關係。**閒聊屬於後者，可以讓氣氛融洽，調節彼此的心理距離。因此，就像剛才耳環的例子一樣，讓對方覺得「原來你有注意到啊」，滿足對方想被肯定的「誇獎」就是很有效果的話題。

對於接下來想要提升溝通能力的人來說，突然觀察並誇獎別人一定會覺得很害羞，所以我建議可以從在腦內自言自語開始。雖然不是練習誇獎別人，不過在搭電車的時候，我會在腦中轉換成英語模式，用「腦內自言自語」的方式描述各種事情。

在和別人對話卡關時，不妨回想那些練習，尋找有沒有什麼能夠當作話題的素材。如果找到的話，就可以說：「雖然和剛才的話題無關，不過你的領帶好好看喔。」生性害羞的人可能會覺得「雖然和剛才的話題無關」、「說到這個」之類轉得生硬的起手式很突兀，不過實際上這些話都是聽聽就過去了。

其實這件事並沒有你想像中那麼不自然，況且持續沉默反而更尷尬。如果一時語塞，就觀察一下還沒聊到的元素，然後試著拿來當作話題吧。只要帶著這種意識觀察周遭的人，你就會發現，那些擅長對話的人其實觀察能力也很強喔。

大誤解

不擅長的事情
只能靠練習克服

只要欺騙大腦
就能提升工作表現

哈佛大學　布魯克斯、哥倫比亞大學　科爾尼

本來就不喜歡這份工作。

在公司一直都很緊張。

開會的時候總是默默等待會議結束。

對這種類型的人來說，要在會議上侃侃而談真的很難。更讓人困擾的應該是做簡報。開會或討論事情通常都會有很多人，就算自己沒有積極發言，也可以勉強撐過去。然而，做簡報的話，自己一定要開口說話。

其實，沒有什麼魔法可以一下子提升簡報的溝通能力。不過，我或許可以為有意提升簡報能力的人，提供一些練習的新觀點。我想說的是——**「大腦其實很隨興」**。

大腦複雜奇特，就像一個黑盒子，人類要掌握大腦的全貌還早得很。然而，在人類已知的大腦特性中，發現大腦有些部分既隨興又單純到不可思議的地步。

試著改變語彙或姿勢

哈佛大學布魯克斯（Brooks）的研究出現令人驚訝的結果——受試者只要說出「我現在很緊張」表現就會變差，但是只要說出「我現在很興奮」表現就會變好。

為什麼會這樣呢？

聽到「緊張」和「興奮」，很多人會覺得前者是負面詞彙，後者是正面詞彙。然而，從「體內發生的現象」這個角度來看，緊張狀態和興奮狀態其實很相近，臉色脹紅、身體冒汗、呼吸急促——。

因此，即便是因為緊張而冒汗，如果試著說「我（不是緊張）是覺得很興奮」。如此一來，大腦就會誤以為這不是緊張而是興奮，從而讓表現變好。

哥倫比亞大學科爾尼（Carney）的研究顯示，只要抬頭挺胸兩分鐘就能增加睪固酮，減少皮質醇分泌量，讓人更容易做出大膽的行動。

睪固酮屬於男性荷爾蒙，分泌睪固酮會提升攻擊性和競爭欲望。另一方面，皮質醇是人一旦感受到壓力就會分泌的荷爾蒙。在這些荷爾蒙的影響下，人就能採取果斷的行動。反之，只要駝背就會刺激皮質醇分泌。

這一點也會讓人感覺到大腦有多隨興。

即便是同一個人，駝背會增加壓力，而抬頭挺胸就能減輕壓力。

其實我們的大腦，就是有這麼隨興的部分。看到抬頭挺胸的人，光是這樣就覺得他很有自信對吧？

哈佛大學卡蒂（Cuddy）等人的實驗顯示，在模擬招聘面試上姿勢大方的組別和畏畏縮縮的組別相比，前者獲得較高的評價，我認為這的確是很有說服力的結果。

因此，我建議**不擅長做簡報或者在會議上發言的人，可以先做一些欺騙大腦的練習。**

告訴自己的大腦，自己不是緊張而是興奮。

即便是刻意的，也要練習抬頭挺胸、面帶微笑說話。

光是這樣，就算說話的內容都一樣，大腦也會被欺騙，多多少少能忘記自己不擅長說話這件事。

大誤解

說話時應該要一直
看著對方的眼睛

沒有視線交流
也沒關係

達特茅斯學院　沃爾金與懷特利

想知道對方的反應、想傳遞自己的想法、善意或敵意的時候，會看著對方的眼睛說話。反之，感覺害怕或者心虛、對這個人沒興趣或者想迴避、不想和這個人有牽扯的時候，就會刻意避開視線。

有些人即便沒有這些想法，仍然「很難看著別人的眼睛說話」。一般來說，看著眼睛或者避開視線，都會像前面提到的那樣令人聯想到某種心理狀態，原本應該看著眼睛說話卻避開視線的話，就有可能會導致對方誤解或不安。

然而，我並不建議一直盯著對方的眼睛看。尤其是說謊的時候，是不是會一直盯著對方看呢？

坊間有各種說法，據說人在沒有說謊、自然對話的時候，大約有三到四成的時間不會看著對方的眼睛。

波長與視線之間的關係

如同代表性的「粉紅噪音」（1／f噪音，pink noise），大自然裡的事物幾乎都是不完美的。人之所以會覺得假髮和整形會有不自然的感覺，就是因為太過完美。同樣地，完全不對看對方的眼睛或者心想「一定要看著對方的眼睛」然後就一直盯著，都會讓人覺得很奇怪。

另外，因為太想模仿，結果做過頭反而不自然，這就叫做「矯枉過正」。說謊的人刻意做出沒說謊的舉動，過度盯著對方看，就是一種矯枉過正。

達特茅斯學院懷特利（Wheatley）與沃爾金（Wohltjen）的研究指出，和對方的對象有共鳴時，眼神交會就會馬上達到頂峰，之後波長就會漸漸離去。

如此想來，想傳達某件事的時候，刻意一直看著對方說話並不是什麼好戰略。

這裡用「有標」和「無標」的方式來說明。

所謂的有標，就是指脫離普通範疇的東西；無標指的是普通、標準、一般性的東西。人會把注意力放在有標的事物上。

這種認知的架構，扎根於生物的防衛本能。不同於平常狀況，也就是身邊出現有標事物的時候，就表示這可能有危險，必須多加注意。反之，如果是無標的東西，因為很普通，所以就不用一直在意，大腦就是透過這種方式增加資訊處理的效率。

有六到七成的說話時間看著對方，屬於無標行為，但超過就會變成有標行為，很可能會讓人覺得很奇怪（因此，為了掩蓋謊言而一直盯著自己看的人，反而令人無法信任，畢竟這樣就違反了方式原則）。

在「對方說話的時候」模糊焦距望向對方即可

雖然對方「說話的時候」，還是看著對方比較好，但不擅長和別人視線相對的人，不必一直盯著對方的眼睛也無所謂。

譬如說，看著對方的眉間、鼻子、喉結、領帶結等位置，就會讓對方覺得視線相對。

刻意放大視野模糊焦距，聚焦位置不在對方的臉上，只要朝著對方的方向看即可；或者反過來讓聚焦的位置變窄，像是在觀察眼睛和眼睛之間那樣也可以。

另外，我建議在對方說話的時候使用這個方法。

自己說話的時候，不用勉強看對方的眼睛。另一方面，當對方在說話的時候，看著對方的眼睛或著眼睛周遭，就能有效傳達「我有認真聽」的態度。

大誤解

沉默很尷尬

沉默是一種訊息

哈佛大學 塔米爾與米契爾

因為耐不住沉默，不想承受沉默的尷尬而盡量避免和別人對話，或者是為了填補沉默的時間而說了多餘的話……應該也有人是這種狀況吧。其實，沒有什麼特效藥能讓人平靜對待沉默，但是只要理解其特性，或許就能在某種程度上面對沉默。

在日本「沉默＝YES」

首先，我想讓大家知道，沉默本身就帶著強烈的訊息。

譬如說，聊得愈來愈不起勁，大家都陷入沉默，此時的沉默就代表「氣氛冷掉了」。因為接受到這種訊息，人就會焦急地想著必須做點什麼，很害怕沉默的時光。

也就是說，放著不管就等於認同沉默自帶的訊息。

沉默代表的訊息會根據情況而改變，但是我想提醒大家，有時候「沉默＝肯定」。這在會議、諮詢等嚴肅的討論場景中經常發生。參加者都不發言，主持人就會說「看來大家都沒有問題，那就——」接著便進入結論，這種情形很常見。

要在這種時候提出反對意見，即便是擅長說話的人也需要鼓足勇氣，所以我覺得不需要勉強發言，但是要有所自覺，明白自己的沉默被當作是認同，這也是沒辦法的事。

當你有這樣的自覺時，或許就會想到「就這樣散會不太好」，然後鼓起勇氣說出自己的意見。無論是否採取行動，只要明確預想「這麼做會發生什麼結果」就能有所覺悟。

話已經說完，突然降臨的沉默也一樣。

這種沉默如果放著不管，就表示認同「沉默狀態也OK」。

雖然想不到要說什麼，但是不想給對方負面印象的話，抱著「想說的話都說完了，覺得很滿足」的態度，用像是在愉快地反芻當天對話的快樂表情保持沉默，或許也是一種方法。**如果說不出話，用非語言資訊來傳遞情感，也是很有效的方法。**

巧妙地拋梗出去讓對方接

儘管如此，露出自然地笑容也是溝通能力之一，不是輕輕鬆鬆就能做到的。況且，應該有人是想繼續聊，但是對自己的說話技巧沒有自信吧。

這種時候，拋梗出去當個「傾聽者」就很有效。因為人類基本上都比較喜歡說，而非傾聽。

哈佛大學塔米爾（Tamir）與米契爾（Mitchell）的研究顯示，人在聊自己的事情時，與快樂相關的大腦犒賞系統（reward system）就會受到刺激。也就是說，聊自己的事情能得到快感。

實驗方對三十七名受試者提出「聊別人（朋友或名人）而非聊自己的事情，就可以得到更多報酬」的條件時，受試者即便少了將近兩成的報酬也會想聊自己的事情。如果無論是聊自己或聊別人的事情都能獲得報酬的話，會有七成的人聊自己的事情。大家都喜歡聊自己。

人類特別喜歡談論自己喜歡的東西。和朋友聊到自己喜歡的偶像、歌手、漫畫、遊戲，氣氛就會變得很熱烈對吧。正因為如此，每個溝通大師都擅長傾聽、接收訊息。很多人一起聊天的時候，可以在聊得正熱烈那段時間仔細觀察參加者，確認「那個人應該會喜歡的事物」，這也是不錯的方法。

另外，透過社群媒體來往的人，做好事前調查的功課也很重要。如此一來，在對話快要結束的話，就可以拋出「B先生，新的寶可夢遊戲已經過關了嗎？我看你的推特好像已經玩到很後面了耶」這種某個人喜歡的話題。以前，有個閒聊達人A先生曾經說過（他都用閒聊炒熱氣氛，然後再切入商務話題）：「商務談判和閒聊會成功還是失敗，都是在見面前就已經定好了。」這是一句很有份量的金言名句。

因此，要打破沉默，不必以自己當話題，但是可以拋出「對方應該會喜歡的主題」，這樣自己不用說太多話也能延續對話。

只要巧妙地拋梗出去，後面即便自己不擅長說話，對方也會不斷聊新的寶可夢遊戲多麼有魅力。

每個人都有想被肯定、被看見的「尊重需求」以及想被稱讚的「讚美需求」，只要滿足這些需求，就能讓對方的心情變好。和午餐技巧一樣，只要心情好，商務談判也能輕鬆完成。

在美國，大部分的人認為「沉默＝NO」

大家平常有沒有接觸美國人的機會呢？

基本上，美國和日本不一樣，他們大部分認為「沉默等於否定」，所以要特別注意。如果是肯定也就罷了，保持沉默就等於一直傳遞否定的訊息，那真的有點恐怖呢。想到這裡，你或許就會有勇氣打破沉默了。

我來說個笑話。我的朋友C和美商合作，契約幾乎都已經談好，剩下調整細節的時候，對方提出很優渥的條件。此時，他雖然很驚訝「條件比我想得還好」，但是C在腦內思考很多事情，所以陷入沉默。結果，對方認為這表示否定，所以焦急地提出更好的條件。

只要理解沉默的效果，就有可能反過來當作主動出擊的手段。

剛才提到的閒聊達人A先生是日本人，但即便都是日本人也不一定代表沉默＝否定。據說A先生遇到這種狀況，反而會沉默一段時間，靜靜觀察對方的狀況。

如果判斷可以再撐一下，就會繼續保持代表否定的沉默。反之，如果覺得「不能再拖下去」而且自己也覺得條件OK，就會滿臉笑容地告訴對方：「感謝您提出這麼好的條件。」

如此一來，對方就會覺得之前的沉默是表示肯定而非否定。

突然要模仿達人的技巧應該很難，不過我希望大家明白，保持沉默本身也有其意義。

第 6 章

戀愛時
不為人知的真相

大誤解

告白就是
「不管三七二十一」衝就對了

愛的告白其實有成功法則

廣島大學　小島等人

本章會談到戀愛或和異性交往時的溝通情景。

大家都說戀愛是最高難度的溝通。外表和整潔當然都很重要，但至少那些被稱為「戀愛達人」的人，幾乎都具有高超的溝通能力。

這裡有個大前提，戀愛或當事人本身就有各種不同的情況，以目前的現狀來說，很多研究都是以樣本量大的多數派為主。

因此，本文稱生理男性並且喜歡女性的人為「男性」，稱生理女性並且喜歡男性的人為「女性」，而且皆為異性戀，對戀愛有興趣、想要找到伴侶，並非無性戀者。

儘管如此，我仍會盡量讓本文的內容能夠幫助性少數族群理解多數派的戀愛對話或行為。

廣島大學小島等人對306名學生展開調查，並且檢討告白成功和失敗的原因。

結果發現——

・在認識不到三個月，且挑晚上至深夜的時間點告白

・兩個人已經單獨出去玩或吃飯
・告白時會清楚表達想要和對方交往的意願

以上都是告白成功者的模式。

為什麼認識不到三個月很容易成功呢？

這個研究結果未免也太淺顯易懂又直接了吧。

我們先針對成功元素當中和溝通有關的部分討論吧。

首先是「告白時會清楚表達想要和對方交往的意願」。鼓起勇氣告訴對方「我們交往吧」非常重要。

比起做過的事，人會更容易記得沒做到的事。蘇聯時期精神醫學研究所的蔡加尼克（Zeigarnik）透過研究證實這種現象。與其為沒做過的事後悔，不如做了再後悔。與其事後耿耿於懷，不如賭一把，告白就算不順利，說出來也會比較輕鬆。

接著，「在認識不到三個月，且挑晚上至深夜的時間點告白」也被列入成功要素，就表示在兩個人的關係加溫到某個程度，各種刺激都還很新鮮的時候告白最好。大腦只要反覆接受相同的刺激就會漸漸習慣。大腦喜歡新事物，所以初期會覺得有報酬、開開心心接受的事情，重複出現之後就不再有相同的感覺了。

為什麼晚上適合告白呢？

研究證實打鐵趁熱，而且要在晚上告白效果最好，但這是為什麼呢？

從演化心理學上的要素來思考，人類主要在白天行動，晚上視線不佳，是個不知道何處會有危險的時間帶，人會容易感到不安。因此，也會令人容易聯想到幽靈或妖怪等恐怖的存在，所以就會想要有人陪伴。

夜晚是人類本能上會感到不安的時間帶，會放大想要人陪伴的「親和需求」。因此，就會容易接受看起來能夠排解不安的對象。

之前從月暈效應、午餐技巧、拿著溫熱的東西說話就能讓人接收到善意等例子就可以知道，人類會因為一些乍看之下毫無關係的刺激和狀況所引發的感受而影響判斷。也就是說，只要好好利用這些錯覺，也能成為你的武器。

話雖如此，完全沒有建立任何關係就告白也不可能順利。剛才的研究結果也提到「兩個人已經單獨出去玩或吃飯」是成功要素之一。也就是說，要建立關係需要花時間溝通。戀愛的關鍵在於心靈距離。該如何拉近和對方之間的心靈距離呢？本章會試著探討有助拉近心靈距離的溝通最終階段。

大誤解

認真的話題
可以縮短距離

交往前最好聊開心愉快的話題

華東師範大學　謝氏等人

前文提到「兩個人單獨出去約會」是提升告白成功率的條件之一。重點在於，這些約會行動是透過什麼樣的溝通縮短心靈距離，這裡介紹可以提供一些提示的研究。

華東師範大學的謝氏等人進行以下的實驗。

研究人員讓受試者觀看開心、悲傷、中立的電影，然後把內容告訴傾聽者。然後透過腦波調查傾聽者的反應。結果，在描述開心的電影內容時，發現以下的結果。

- 相較於悲傷的電影，傾聽者比較容易記得開心的電影
- 對說話者（受試者）的親近感也隨之提升

「人類大腦的注意範圍」非常隨興，看到別人開心的表情，自己也會跟著變得積極正向。反之，猛捶沙包想消除內心的不滿，結果會變得對毫無關係的他人也產生攻擊性，這一點在愛荷華大學布什曼（B. J. Bushman）等人的研究中已經得到證實。按照這個原理推斷，如果聊開心的電影，對方可能就會覺得這種開心的氣氛「是因為和這個人待在一起」。

在社會生活的型態中，不斷在生存競爭中取勝的人類，把「同理心」當成連結人與人的武器。如果要共享情感的話，當然是開心的情感最有效。因為可以透過人類容易誤解的機制，把開心的元素擴展成親近對方的情緒。

而且，理所當然的是，實驗也證實，**一起做同一件事也能有效縮短心靈距離。**

在杜克大學的沃夫（Wolf）與馬克斯普朗克研究院的托馬賽洛（Tomasello）進行的實驗中，比較幼兒和陌生大人一起看電影，以及幼兒不看電影，讓他自己看書兩種情況，結果顯示一起看電影的孩子會比較願意親近大人。

大誤解

說自己會喜歡的話，
大家也都會開心

每個人喜歡的
稱讚方式
都不一樣

電子科技大學　高氏等人

我們常說「對別人做自己也喜歡的事」「己所不欲勿施於人」，但凡事都有例外。

A每天聽到「你好可愛」「你好帥」會覺得很開心，但是B每天聽到一樣的稱讚會覺得很不好意思。如果A每天都對B說「你好帥喔」「你好可愛」，即便A是想讓對方高興，但B的心情肯定會很複雜對吧。

像這種例外，在戀愛的時候就要特別注意。從另外個角度來說，有研究指出，男性有直接表達的傾向，而女性則是偏好委婉地表達。

電子科技大學高氏等人針對124名女性的研究結果顯示「比起直接表達，女性會對委婉表示稱讚的男性抱有好感」。另外，如果是相同的稱讚方式，稱讚容貌會比稱讚物品好（高氏等人的實驗中是用房子）。

談到「委婉地稱讚方式」，簡單來說就是用比喻法。

大家都知道夏目漱石把「I love you」譯成「月色真美」的故事，對吧？雖然這應該只是都市傳說而非事實，但大致是這個方向沒錯。在高氏等人的實驗中採用「your eyes are morning dew」＝妳的瞳孔宛如朝露——這種比喻的表達方式。

不過，這只代表「這類型的人比例較多」，或許有些男性讀者在看這一段的時候就覺得「我比較喜歡比喻」。不過，基本上「對別人說自己會覺得開心的讚美」不見得是正確答案。

女性有透過閒聊「加溫」之後，再切入正題的傾向

在這裡應該注意的點應該是——為什麼會有這種差異。

應該有很多人抱持「女性很容易打成一片」的印象。這是有原因的。女性在與人對話時，比男性更重視建立「信任關係」（rapport）。

「rapport」一詞源自法文「rapporter」，有橋梁的意思，隱含讓對方了解自己、引導對方說話的意義。在建立起心靈的橋樑之後，再進入正題。

從電子郵件的書寫方式也能看出，女性會先用閒聊的話題稍微「加溫」之後再切入正

題，相較之下男性則大多只傳達正事對吧？

另外，「打工的地方有新人進來」這種情景也能明顯看出區別，如果跟著女性前輩，對方會先建立信賴關係，一天結束之後就已經可以大聊工作以外的事情了。另一方面，男性前輩只會傳達「想要交代的工作內容」，不會主動建立信賴關係，所以需要更多時間才能混熟。

這種重視信任關係的談話方式稱為**「關係式談話」**（Rapport Talk，Rapport 等於法語的 Rapporter，兩者意義相同），而重視事實的談話方式稱為**「報告式談話」**（Report-talk）。這是喬治城大學的語言學家黛博拉・泰南（Deborah Tannen）提出的概念。基本上，女性擅長關係式談話，男性則是擅長報告式談話。

這就是為什麼大家會說：「男性只說有意義的話，但是對女性來說，說話本身就有意義。」

由此可見，關係式談話基本上屬於難度較高的溝通方式。如果沒時間閒聊，直接交代事情會比較好，但若對方是有可能需要長久來往的人，先建立信賴關係反而有利於之後的工作。

在我的印象中，溝通能力強的男性，大多會積極應用閒聊、主動自我揭露，讓對方愈來愈有共鳴，藉此拉近彼此的心靈距離。

我想應該是這些男性發現（或者是下意識察覺）報告式談話屬於無標行為，重視信賴感才能有效建構人際關係。

借助對方喜歡的話語也是一種方法

另外，平時就重視信任關係的女性，應該比男性更習慣稱讚別人或者接受讚美。對這樣的人來說，「只描述事實的讚美」屬於無標行為，會讓人感覺一點也不風雅。

對2018年出生的「小乃」村方乃乃佳妹妹說「可愛」，和對怪奇比莉或者初生的小貓說「可愛」其實都沒錯，但就是感受不出差異對吧。

或許是因為這樣，才會需要重視更加豐富委婉的讚美方式，畢竟這也是一種了解對方感受力和教養的手段。

順帶一提，「妳的瞳孔宛如朝露」充滿詩意，但這種讚美存在文化上的差異。無論性別如何，搜尋對方喜歡的音樂或書籍，借用歌詞或文章中的比喻或許也是一種方法。

大誤解

只要不做惹人厭的事情
就不會被討厭

一開始就做自己
反而能提升好感度

明尼蘇達大學　阿隆森與林德

不僅限於戀愛，和別人接觸的時候，應該很多人都「不想被討厭」。若非如此，《被討厭的勇氣》（岸見一郎．古賀史健著，ダイヤモンド社，臺灣由究竟出版）就不會賣得那麼好了。

當然，就結論來說，不被討厭當然最好。只是，我覺得當「不被討厭」變成目的之後，往往結果都不盡理想。岸見一郎先生也提到，不在意周遭評價、釐清自己的價值觀非常重要。

我舉一個極端一點的例子——經常引發熱議素有「吵架王」之稱的2ch創辦人西村博之先生，是個無論發生什麼事都態度大方的人。

像博之先生這樣名人，一定會有黑粉，但是只要像他那樣保持堅定的態度，總能度過難關。

一開始就不勉強才能長長久久

——我用博之先生這麼特別的人物當作例子，應該會有人覺得很不安，請容我介紹一個實驗結果。

我要介紹的是明尼蘇達大學阿隆森（Aronson）與林德（Linder）的實驗。有個詞彙叫做「反差萌」，簡單介紹實驗內容的話，這兩個人的研究就是在實驗反差萌的效果。

他們針對美國80位女學生做實驗，發現一開始態度冷淡的人，最後突然展現善意，會讓人印象變得更好。也就是說「傲嬌」非常有效。心理學上稱為「得失理論」（gain-loss effect）。

而且，一開始就釋出善意的人，最後如果展現冷淡的態度變差，印象反而會比從頭到尾都冷淡的人更差，而且差距達到一成。

如果各位不是完美的超人，那就一定會有失敗的時候對吧。

就算為了不被對方討厭，一直刻意保持溫柔的態度，只要失敗一次就會大幅損害印象，既然如此還不如一開始就做自己，談戀愛有可能會比較順利。

實際上，只要不是想著暫時交往一段時間的話，戀愛就需要建立長時間的夥伴關係。人根本沒辦法長達數年甚至數十年都壓抑自己，想著「絕對不能被討厭」過生活吧。

即便撇下反差萌比較討喜這一點，把自己的缺點坦率地呈現在對方面前也很重要。

過度完美反而會有反效果

另外，我個人的見解是──「過度完美」本身可能會帶來反效果。關於這一點有兩個理由。

一是比起「別有用心」人類更喜歡「真心」，而「不想被討厭」會被歸類為「別有用心」。

二是過度完美執行不被討厭的言行，會讓大多數人都覺得毛骨悚然。人類基本上為了保護自己遠離周遭的危險，本身就是容易感到不安的生物，所以看待人事物的時候，往往容易先看到缺點，這就是所謂的「消極偏見」（negativity bias）。

反之，因為有不安，所以當人感受到「沒有異樣」的鏡像反射，就會提升好感。所謂的鏡像反射，就是配合對方的動作、表情、節奏，對方自然而然就會對自己懷抱好感。這也是廣為人知的戀愛技巧之一。

不過，一直持續下去的話會發生什麼事呢？一直對自己鏡像反射的人明顯是有標人物，光是這樣就會引發人的不安情緒。如果有人一直在模仿自己，那真的很恐怖耶……

左右完美對稱的整形手術，反而會讓人覺得哪裡怪怪的，這是因為我們心裡知道「人類本來就不完美」。

身為劇作家的大阪大學教授平田佐織，在建議機器人的動作要如何更像人類時，曾提到像是說話結巴或者不知道要吃哪一道菜那樣「做一些無謂的事情非常重要」，但是為了不被討厭而一面倒地討好其實非常不自然。太過完美、做過頭反而會引發不安的情緒。

從演化心理學來看，突然面對初次見面的陌生人，如果對方和自己有共通點，就會因為覺得彼此距離不遠而感到安心，但是在生存競爭中，身邊的人和自己太過相似就會變成競爭對手，導致引發不安的情緒。

最後，不被討厭當然很好，但是把這個當作目的的話，有可能會兩頭空。活得像個人、活出自己的樣子也很重要。

大誤解

和共通點多的人結婚
比較幸福

個性相似的情侶
無法長久

亞利桑那大學　施塔、加州大學　萊文森

人與人之間為了促進彼此的感情，有共通點的確比較聊得來，也會比較容易產生親近感。因此，初次見面的時候，彼此都會找尋對方有興趣的話題，然後接著聊下去。不過，那僅限於初期，以料理來說的話就像前菜。像結婚這種對人生有重大影響的人際關係就另當別論了。

這裡要介紹一項研究——「伴侶長期維持關係的條件在於高互補性」。

互相補足對方缺乏的部分最理想

「互補性」在心理學上指的是在一段關係中能補足「彼此缺乏的東西」。也就是說，在這段關係中的兩個人並不相似。話雖如此，和完全截然不同的「差異性」又不一樣。

應該有很多人會覺得「感情好的夫婦」似乎都「很像」對吧。當然，人會「物以類聚」，一定有很多伴侶是「相似的兩個人結為夫妻」而且過得很幸福。

不過，實際上看那些知名的模範夫妻，其實也沒那麼像……譬如池波志乃女士和中尾彬先生等夫妻，雖然無法斷言「完全不像」，但要說兩個人「很像」也不太對。

那為什麼互補性高的伴侶能維持比較久呢？

史丹佛大學的溫奇（Winch）針對已婚夫妻做調查，發現「支配需求高的人」伴侶如果是「支配需求低的人」，伴侶關係就能順利維持。同理，「有保護欲的人」和「想被保護的人」配在一起也會比較順利。

也就是說，能夠補足彼此需求的關係就能長長久久。

貝茲學院的瓦格納（R. V. Wagner）雖然調查的不是夫妻，而是一起工作的夥伴，研究要維持什麼樣的關係才能讓工作順利推行。結果發現，「想得到幫助」和「想幫助別人」、「積極主動」和「消極被動」、「支配者」和「追隨者」、「愛現的人」和「內向的人」這幾種組合最好。

從這項研究也可以看出，互補非常重要。

話雖如此，溫奇和瓦格納的研究，分別在1958年和1978年進行，都是很久以前的事了。

有很多以前的研究至今仍受到重視，而這兩位的研究從現代的角度來看，雖然關係中存在互補的成分，但應該還是會有人覺得，擅長忍耐的女性接受支配欲望強烈的男性——這種巨大的性別差異「最後還是能維持長久的夫妻關係」。怎麼好像是在說老公退休之後就會離婚的熟齡夫妻啊……

然而，即便在2022年這個時間點，扣除各種性別差距之後，還是有伴侶是因為「彼此不相像」才能走得長久。這裡介紹一個2008年的研究。

亞利桑那大學的施塔（Shiota）和加州大學柏克萊分校的萊文森（Levenson）等人做過一項研究，發現結婚超過十二年的夫妻，兩人相似度愈高，對伴侶的滿意度就愈低。

原因如前文提到的，萊文森等人認為剛開始會因為有很多共通點而感到安心，但

相處時間愈長，共通點多反而會覺得很煩。

不過，這並不代表要找「能夠長久交往的結婚對象」，最好不要有共通點。**這只是針對個性，兩個人之間最好還是要有共通的興趣。**也就是說，看一樣的電影、讀同一本書、一起從事相同的運動。如果兩個人的感想不同，就能拓展視野，獲得更美好的享受。

另外，基礎的價值觀也最好維持一定程度的一致。個性認真又喜歡小孩的妻子，應該很難長時間和散漫又討厭小孩的丈夫相處。也就是說，兩個差太多的人也不好相處。伴侶之間不能天差地別，而是需要互補，形成互相填補不足的關係。

生活方式很相像，然後維持一定程度的不同，分別扮演不一樣的角色，擁有不同個性。

聽起來好像有點太夢幻（笑），但能夠長久保持愉快的婚姻生活，對方大概需要符合這些條件吧。

第 7 章

遠端工作時常見的錯誤

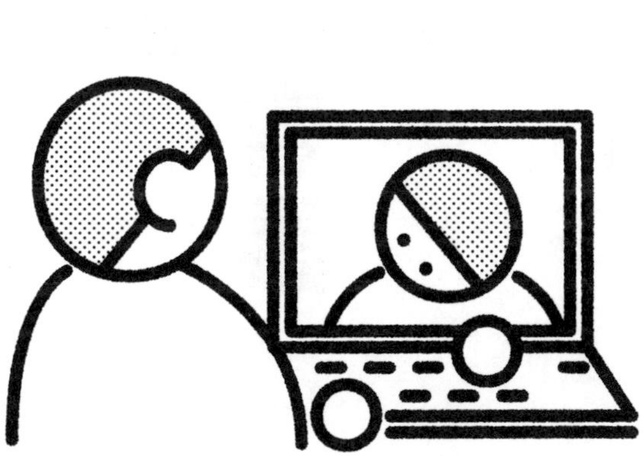

大誤解

應該要一直討論到沒有異議為止

三十分鐘就結束的會議最有效率

關西大學　吉村與友田

有朋友告訴我，因為疫情的關係「開會時間變長了」。聽這位朋友說，開視訊會議不需要預約會議室，所以很多時候都是在沒有時間限制的狀態下開會。

而且，也有可能是因為視訊會議大幅減少非語言資訊的關係。面對面的時候可以得到的資訊，視訊會議必須拼命補足。結果，開會時間就不斷拉長了。

另外，在畫面上交流很難掌握氣氛，明明該討論的都討論完了，還是不知道該不該結束會議，所以只好拖拖拉拉繼續開會。

超過三十分鐘就要加入休息時間，才能確保專注

各種研究顯示，人類專注在一項工作的最長時間大約是三十分鐘左右。

> 關西大學吉村與友田的研究顯示，在電腦畫面上開始作業三十分鐘左右專注力就會開始下降，有些人是四十到五十分鐘，平均值則是六十分鐘左右就會明顯出現疲勞帶來的影響。

因此，開會三十分鐘左右就先暫時休息是比較明智的作法。開會開到深夜，最後出現讓所有人都興奮的好點子，睡一覺起床之後發現根本就不怎麼樣——大家應該也聽說過這種情況吧。這是在窮途末路的時候硬擠出結論的典型案例，通常結果都沒什麼可圈可點之處。

設定計時器，工作二十五分鐘，休息五分鐘。這樣是一個回合，重複四組之後就安排長一點的休息時間，這就是「番茄鐘工作法」，開會也可以用這種方式安排。

第2章介紹日本微軟的「工作生活選擇挑戰2019夏季」活動中，會議時間也規定以三十分鐘為基準。

順帶一提，Zoom的免費版本只能用四十分鐘。據說這是因為Zoom公司的創辦人兼CEO袁征認為，最有效率的會議是四十五分鐘。

英國的歷史及政治學家西里爾・諾斯古德・帕金森（Cyril Northcote Parkinson）提出「帕金森定律」（Parkinson's Law），意指「工作量會一直膨脹，直到填滿完成的時間為止」，簡單來說，決定好結束的時間，就可以在無意中調整作業時間。也就是說，即便是五個小時可以完成的工作，給你八個小時你就會用八個小時去做。

我們不妨反過來利用這一點，在會議開始前就先決定結束的時間。

大誤解

無紙化
有利工作和讀書

閱讀紙本
比較容易記憶

東京大學　酒井等人

工作上的溝通，除了對話能力、語彙能力、容易開口的氣氛等條件外，「工作成果」本身也是一種表達。我想各位身邊可能也會有「雖然個性不討喜，但是不得不認同他的工作能力」的同事吧。反之，就算再會說話，工作上經常失敗的話，有可能在職場上就會不順利。

記憶時的大腦架構

有沒有人覺得，遠端工作增加之後，失誤的頻率也增加了？我想應該有很多人會認為，這是因為大家需要配合視訊會議和聊天軟體等全新的生活方式，需要時間適應線上溝通。雖然這也是重點，但另一個可能的原因則是輸入資訊的方式改變。

具體來說，就是從紙本轉為畫面。

因為遠端工作和永續發展目標（SDGs）廣受矚目，應該有很多公司都在推動無紙化。雖然對地球環境有害，但是在許多研究中都顯示，閱讀紙本會比閱讀螢幕更容易記憶。

東京大學酒井等人的研究團隊，把受試者分成一下三組，然後讓三組人都做一樣的事。

①用紙筆書寫
②用平板和專用筆書寫
③用手機輸入

結果發現，組別①在最短的時間內完成記憶任務。酒井的團隊在測試中監控大腦活動，發現組別①的受試者大腦中掌管記憶的部位，血液流動率比其他組別更高。

也就是說，基本上閱讀紙本比較容易記憶。

實際上，我也覺得用紙本閱讀論文或書籍會比較容易記得住，所以想要好好閱讀的內容，我都會盡量印出來再看。

另外，寫筆記的時候也一樣，用紙筆紀錄比電子媒體好用，所以當我告訴學生要交線上課程的筆記時，很多人會傳手寫筆記的照片給我。由此可知，即便是數位原住民時代的學生，讀書的時候也愛用乍看之下沒效率的紙本媒體。

從大腦的架構來看，目標資訊會和相關的狀況一起儲存在大腦硬碟裡，周邊資訊具有喚醒記憶的功能。也就是說，這種周邊資訊愈多就愈能增加回憶的契機。就這一點來看，紙本媒體的紙材質感、厚度、汙損、暈開的油墨、顏色等周邊資訊量比電子媒體來得多，所以比較容易記憶。

遠端工作時經常失誤的人，即便自費也要印刷紙本，尤其是把重要資料印出來看過一遍，或許就能減少失誤了。

大誤解

可以靠虛擬背景營造自己的形象

「對亞洲文化圈的人」有效

密西根大學　尼斯貝特、北海道大學　增田

各位在Zoom等視訊會議上，會不會使用虛擬背景呢？

我認為虛擬背景基本上有兩大意義與效果。

一是因為家中沒有整理、可能會有家人走動，所以「不想被看到真實的背景」。

二是想讓大家看到美麗天空、大海或者整齊的書櫃等「自己想呈現的形象」。當然，也有兩者皆是的情形。

大家會注意線上會議的哪些細節？

我自己是看心情使用虛擬背景，有時即便是在有人出入的客廳進行線上採訪，也會採用原始背景，但是有一次用虛擬背景的時候，對方問我：「用虛擬背景會改變對本人的印象嗎？」

雖然我沒想過這件事，但也覺得如果能靠虛擬背景改變自己的形象，在溝通上或許可以加分。

尤其對方是日本人的話，你的形象就有可能會因為虛擬背景而改變。雖然不是針對線上會議進行的研究，但以下的內容已經得到證實。

密西根大學安娜堡分校的尼斯貝特（Nisbett）與北海道大學的增田曾經做過一個知名的研究，發現歐美文化圈的人比起背景，更容易注意主要的「人」或「物」；亞洲文化圈的人則是容易注意「背景」資訊。

為什麼會有這樣的差異呢？因為在亞洲文化中，依賴脈絡和背景的比例本來就很高。因此，才會用綜合性的觀點來看待事物。

日本人不會只看主要的「人」，而是看「整體」。因此，使用具有魅力的虛擬背景，就和月暈效應一樣，有可能會提升本人的魅力。

大自然的虛擬背景能提升創造力

我前幾天看到身兼CG製作人的科幻小說家遠端參與電視節目。虛擬背景是是漂亮的宇宙3D圖形，和那位作家的形象非常相襯，讓我留下深刻印象。

其他來賓也有問到他的虛擬背景，所以我想果然還是有很多日本人會注意到背景吧。

不過，也不是所有歐美人都不會注意背景。根據帕多瓦大學康第（Conti）等人的研究，在「學習」的環境下使用虛擬背景，會分散人的注意力。虛擬背景怎麼想都是「有標」的東西，所以難免會吸引人的注意。

另外，姑且不論會不會改變本人的形象，有報告指出──

由加拿大Klick Applied Sciences公司的帕羅尼卡（Palanica）與福薩托（Fossat）提出的論文顯示，在Zoom使用大自然的虛擬背景，會比使用人造物的虛擬背景更容易提升創造力。

看樣子背景也要視狀況和目的分開使用比較好呢！

大誤解

相關人員
一律加入CC

如果希望對方回覆
就要指定姓名

紐約大學　達利、哥倫比亞大學　拉塔內

工作上的溝通工具中，最常見的就是電子郵件。因為疫情的關係，企業大多會引進Slack或ChatWork等溝通工具，但是無論這些工具再怎麼方便，有時還是需要和公司外部的人聯絡，電子郵件仍然是常用的交流方式。

本文想探討的是「總之先CC再說」的習慣。CC是Carbon Copy＝副本的縮寫，可以把郵件寄送到收件人以外的信箱。我自己也是，和大學相關的工作經常會收到一些需要過目但不需要回覆的CC郵件。

這種情況的話，還算是恰當的CC使用方式，但其實信箱裡面常常堆積「這根本不需要寄給我」的郵件。對於那種類型的信件，我曾經問過能毫無顧慮交換意見的行政人員，對方回答我「我就是先CC再說」。

雖然我覺得不太能認同，但考量對方之後有可能會需要這封信，而且也有可能被問到「為什麼沒有寄給我」，站在發信人的立場這也是不得已的作法。

CC郵件會被忽視的原因

因此，在這種狀況下收到的信就會被放在一邊。不過，問題是自己用CC發信的時候。這是可控制的溝通方法。

首先，想要讓大家都看過的聯絡內容，與前面提到的例子完全相反，即便對方會覺得麻煩或者乾脆無視，自己想到「應該要寄」的人就全部都CC給他。

在這裡我希望大家思考的是「當CC的對象成為主角」（如果被對方忽視信件，會覺得困擾的重要角色）的模式。

如果是同一個案件，信件往返的時候經常會出現好幾個「Re：」。然而，假設A、B、C三個人都列入CC的信件中，剛開始是以A為主角聯絡，途中出現「這次非常感謝您的幫忙。B先生，請您提供請款單」的句子之後，一樣都是CC，主角卻從A轉換成B了。從B的角度來看，這封信一直都是寄給A的，不會想到這封信件中有需要自己處理的重要事項，所以有可能像平常那樣無視這封信。

社會心理學上有一種心理現象叫做「旁觀者效應」，如果有其他人在場的話，就不會率先行動。

無視CC信件就是旁觀者效應的結果。

避免「旁觀者效應」的方法

紐約大學的達利（Darley）與哥倫比亞大學的拉塔內（Latané）所進行的實驗中，觀察在受試者爭論時突然有人發病，受試者會採取什麼行動。結果發現，除了自己以外的人數量愈多就愈不會主動行動，如果沒有其他人在場的話，所有受試者都會傳達現場有意外；當現場有四個人的時候，就有四成的人保持沉默。

定義旁觀者效應的契機，是1964年在美國紐約發生的「凱蒂・吉諾維斯謀殺案」（Murder of Kitty Genovese）。

凱蒂在回家的路上遇襲，她曾經大聲尖叫，但根據警方公布的資訊，明明有38個目擊者，凱蒂最後還是不幸身亡。而且，有人目擊犯人一次，犯人離開凱蒂之後又再度襲擊她。深夜行兇的犯人了解旁觀者效應，知道自己只要假裝逃跑，對方就不會報警，目擊者也很快就會去睡覺了。

了解旁觀者效應又有勇氣的人，會培養「指名」的習慣。

假設你看到有人倒在路上，決定上前幫忙。這時候就要明確指示：**「那個穿紅色T恤拿著手機拍照的先生，請打119！」**

這樣指名之後，對方才會發現自己是當事人，然後開始行動。如果你在有意識的狀態下昏倒，一定要指名：「請你幫我叫救護車！」反向利用旁觀者效應，指名一個人就會排除其他人，所以比較難產生「別人會做」的想法。

電子郵件也一樣，如果CC裡面有你認為一定要傳達的人，就把對方移到收件人欄位，並且在信件開頭就指名「B先生」。如果希望收到很多人回覆，無論有幾個人都要列出姓名。

「A先生、B先生、C先生、D先生、E先生、F先生、G先生、H先生、I先生　承蒙各位關照。我是堀田。」要像這樣全部列出來。

如果做到這個程度，就會變成一封完全不普通的有標信件，或許就連收到CC信件但沒有被指名的J先生，都會很在意內容而情不自禁地閱讀內容呢。（笑）

大誤解

只要工作能完成，
一直盯著社群媒體也無所謂

使用社群媒體的時間愈長，愈容易增添不安、抑鬱、孤獨感

賓夕法尼亞大學　亨特

突然到來的「工作型態改革2.0」，我想應該有很多人會覺得遠端就可以完成大部分的工作，對吧？我們先從不需要通勤之後發生的生活習慣轉變開始探討。

Glossom公司在2021年5月針對全日本1442名十幾歲～七十幾歲的男女進行「智慧型手機的資訊收集定點調查」，結果發現每天使用手機的時間增加了136・3分鐘（比上一年度增加7・6％），主要的原因來自社群媒體。社群媒體的每日使用時間為77・8分鐘，上一個年度是67・1分鐘，所以增加了15・9％。

應該有些人被說中了吧？

畢竟之前每天通勤的人改成遠端工作，也就不需要花時間搭車，也不需要打扮自己，可以節省很多時間。

也許有些人是公司和住家離很遠，遠端工作就每天多出兩個小時左右的自由時間。

因此，應該有很多人會把時間用在社群媒體上。

雖然是在家上班，但只要工作能完成，增加使用社群媒體的時間應該也沒問題。的確也有像下述這樣的研究結果。

賓夕法尼亞大學亨特（Hunt）的研究團隊分組觀察143名學生，並分為以下二組。

①「限制臉書、IG、Snapchat等社群媒體每天只能用十分鐘」

②「可以無限制使用」

結果發現組別①的不安、抑鬱比組別②更低。亨特認為，維持每天三十分鐘左右的使用量，比較容易在社群媒體上獲得幸福感和安心感。

也有像這樣證明只要運用得當，社群媒體並不壞。不過，前提是「運用得當」。其實，有很多社群媒體的相關研究都顯示「長期使用社群媒體有壞處」。譬如說——

約翰．霍普金斯大學利姆（Riehm）的研究團隊針對3500名以上的對象調查，發現每天使用社群媒體「超過三十分鐘但不到三小時」的年輕人，不安、抑鬱、孤獨感等心靈問題比平均值高2倍，使用時間「在三到六小時之間」的人則是2．5倍，使用「超過六小時」的人則提升到3倍。

話雖如此，因為疫情影響深遠，在幾乎無法外出的狀況下，完全不接觸社群媒體也很危險。

人類是社會性動物。如果沒有和別人接觸，精神上就會變得脆弱。有「幸福賀爾蒙」之稱的催產素，會在接觸人類或動物的時候增加分泌量。

抱枕也可以增加催產素的分泌量。

而且，在無法直接溝通的時候，網路上的溝通也會變成非常重要的精神安定劑。

針對這一點，有個很有趣的研究。

日本國際電氣通信基礎技術研究所的墨岡指出，遠端和陌生人對話時，如果抱著「抱枕」之類的東西說話，就可以減輕壓力，得到放鬆的效果。

在這場實驗中，分成單純用電話對話以及抱著東西講電話的組別，請受試者聊十五分鐘，然後在通話前後採集血液與唾液進行對照比較。

結果發現抱著東西講話的組別，壓力荷爾蒙皮質醇的值較低，幸福荷爾蒙催產素會增加。

當然，人的不安或抑鬱感強烈時，無論是不是工作，對所有溝通都會產生負面影響。這已經不是會不會說話的問題了。

因此，自知太過著迷社群媒體的人，突然改成每天只有三十分鐘可能有點難，但或許可以嘗試稍微縮短使用時間。

結語

感謝您讀到最後。

這些內容是否對不擅長溝通的你有幫助呢？

我在此強調，溝通是互動行為。只要能模糊地察覺對方需要的「正確答案」，那就不需要感到畏懼了。

如果把溝通當成滿分一百分的考試，不需要得高分，只要及格就行了。要拿到高分，必須非常精準預測正確答案，或者使用巧妙的說話技巧，才有辦法接近滿分。而且，這或許還需要一點天分。不過，就算解讀題目和答案都不太準確，只能拿到二十〜三十分，還是不會改變能夠及格的事實。

溝通之所以會「失敗」，問題不在分數高低，而是做出踩到地雷的舉動，導致分數變成零分甚至負分。

只要按照本書介紹的知識，就能大幅減少被扣到負分的失言和行為。這樣的成果，乍看之下可能很平淡。

然而，當你能輕鬆做到不失敗的時候，即便不見得會被當成是溝通達人，但至少會讓人覺得值得信賴。

第5章提到「裝到底」，即便是開心談天的說話技巧，撇開頂級的技術，只要刻意努力就能做到一定程度。

雖然戰場各有不同，但無論是誰、在什麼地方都不可能維持「相同的自己」。我自己在大學教課的時候，也是想著「要有老師的樣子」（在學生眼裡可能結結巴巴也說不定），扮演一個老師講課的角色；參加研討會發表論文、接受警察或律師委託提供法律語言學分析報告的時候，則扮演一個研究員。

既然社會上有很多企業都需要溝通能力，即便是私底下非常內向的人，在出社會的時候努力朝「正確答案」前進不是很重要嗎？

我由衷期盼，本書能成為一個契機，讓讀者發現原本模糊不清的溝通誤解，有更多人能往前邁出一步，然後為各位往後的人生帶來幸運和幸福。

再次感謝各位能讀到最後。誠心感謝大和書房的鈴木萌女士，同時也感謝大力幫助本書出版的每個人。

堀田秀吾

report]. New Zealand:Auckland University of Technology. Retrieved from https://static1.squarespace.com/static/5a93121d3917ee828d5f282b/t/5b4e4237352f53b0cc369c8b/1531855416866/Final+Perpetual+Guardian+report_Professor+Jarrod+Haar_July+2018.pdf

Wallace, H. M., Exline, J. J., & Baumeister, R. F. (2008). Interpersonal consequences of forgiveness: Does forgiveness deter or encourage repeat offenses? Journal of Experimental Social Psychology, 44(2), 453–460.

Toussaint,L. L., Shields, G. S., & Slavich, G. M. (2016). Forgiveness, Stress, and Health: a 5-Week Dynamic Parallel Process Study. Annals of Behavioral Medicine, 50 (5), 727–735,

Ysseldyk, R., Matheson, K., & Anisman, H. (2019). Revenge is sour, but is forgiveness sweet? Psychological health and cortisol reactivity among women with experiences of abuse. Journal of Health Psychology, 24, 2003–2021.

Porath, C. L., & Erez, A. (2009). Overlooked but not untouched: How rudeness reduces onlookers' performance on routine and creative tasks. Organizational Behavior and Human Decision Processes, 109(1), 29–44.

Porath, C. L., & Erez, A. (2007). Does rudeness really matter? The effects of rudeness on task performance and helpfulness. Academy of Management Journal, 50(5), 1181–1197.

Hurlock, E. B. (1925). An Evaluation of Certain Incentives used in School Work. The Journal of Educational Psychology, 16(3), 145-159.

Mueller, C. M., & Dweck, C. S. (1998). Praise for intelligence can undermine children's motivation and performance. Journal of Personality and Social Psychology, 75(1), 33-52.

Hatfield, E., Cacioppo, J., & Rapson, R. L. (1994). Emotional contagion. New York: Cambridge University Press.

Sel, A., Calvo-Merino, B., Tuettenberg, S., & Forster, B. (2015). When you smile, the world smiles at you: ERP evidence for self-expression effects on face processing. Social Cognitive and Affective Neuroscience, 10(10), 1316–1322.

Strack, F. Martin, L. L., & Stepper, S. (1988). Inhibiting and Facilitating Conditions of the Human Smile: A Nonobtrusive Test of the Facial Feedback Hypothesis. Journal of Personality and Social Psychology, 54 (5): 768–777.

Mehu, M., Grammer, K., & Dunbar, R.I. (2007). Smiles when sharing. Evolution and Human Behavior, 28, 415-422.

Fredrickson, B. L., Cohn, M. A., Coffey, K. A., Pek, J., & Finkel, S. M. (2008). Open hearts build lives: positive emotions, induced through loving-kindness meditation, build consequential personal resources. Journal of Personality and Social Psychology, 95(5), 1045–1062.

Johnson, K. J., Waugh, C. E. & Fredrickson, B. L. (2010). Smile to see the forest: Facially

【第 1 章】

Jourard, S. M. (1958). A study of self-disclosure. Scientific American, 198, 77-82.

Ambrus, G. G., Eick, C. M., Kaiser, D., & Kovács, G. (2021). Getting to Know You: Emerging Neural Representations during Face Familiarization. Journal of Neuroscience, 41 (26), 5687-5698.

Rutter, D. R., Stephenson, G.. M., & Dewey, M. E. (1981). Visual communication and the content and style of conversation. British Journal of Social Psychology, 20(1), 41–52.

Yang, L., Holtz, D., Jaffe, S., SUri, S., Sinha, S., Westson, J., Joyce, C., Shah, N., Sherman, K., Hetcht, B., & Teevan, J. (2022). The effects of remote work on collaboration among information workers. Nature Human Behaviour, 6, 43–54.

Birdwhistell, R. (2010). Kinesics and Context. University of Pennsylvania Press, Inc.

Mehrabian, A. (1971). Silent Messages (1st ed.). Belmont, CA: Wadsworth.

Applebaum, R.L., & dan Anatol, K.W.E. (1974). Strategies for Persuasive Communication. Ohio: A Bell & Howell, Co.

Shaw, M. E. (1964). Communication networks. In L. Berkowitz, ed., Advances in Experimental Social Psychology, 1, 111–147, New York: Academic Press.

Raichle, M. E., MacLeod, A. M., Snyder, A. Z., Powers, W. J., Gusnard, D. A., & Shulman, G. L. (2001). A default mode of brain function. Proceedings of the National Academy of Sciences of the United States of America, 16, 98(2), 676-82.

Razran, G. H. S. (1938). Conditioning away social bias by the luncheon technique. Psychological Bulletin, 35, 693.

Brown, G., & Yule, G. (1983). Discourse analysis. Cambridge, UK Cambridge University Press.

【第 2 章】

Zajonc, R. B. (1965). Social facilitation. Science, 149, 269-274.

Bloom, N., Liang, J., Roberts, J., & Ying, Z. J. (2015). Does Working from Home Work? Evidence from a Chinese Experimen'. The Quarterly Journal of Economics, 130, 165-218.

Gibbs, M.J., Mengel, F., & Siemroth, C. (2021). Work from Home & Productivity: Evidence from Personnel & Analytics Data on IT Professionals. Working Paper, no. 2021-56, Becker Friedman Institute for Economics, University of Chicago.

Dutcher, E. G. (2012). The effects of telecommuting on productivity: An experimental examination. The role of dull and creative tasks. Journal of Economic Behavior and Organization, 84, 355-363.

Haar, J. (2018). Overview of the Perpetual Guardian 4-day (paid 5) Work Trial [Industry

Carnegie Press.

Asch, S. E. (1952). Group forces in the modification and distortion of judgments. In S. E. Asch, Social

Psychology. 450-501, Englewood Cliffs, NJ, US: Prentice-Hall, Inc.

Aviezer, H., Trope, Y., & Todorov, A. (2012). Body Cues, Not Facial Expressions, Discriminate Between Intense Positive and Negative Emotions. Science 30, 338(6111), 1225-1229.

Schiffer, B., Pawliczek, C., Müller, B. W., Gizewski, E. R., & Walter, H. (2013). Why Don't Men Understand Women? Altered Neural Networks for Reading the Language of Male and Female Eyes. PLoS ONE, 8(4): e60278.

金明哲 (2009).『テキストデータの統計科学入門』岩波書店 .

尾崎一郎・郭薇・堀田秀吾・李楊 (2019).「ヘイトスピーチの規制と無効化ー言語行為論からの示唆」『法の経験的社会科学の確立に向けてー村山眞維先生古稀記念』信山社 315-336 頁 .

【第 5 章】

Zimbardo, P. G. (1971). The power and pathology of imprisonment. Congressional Record. (Serial No. 15, October 25, 1971). Hearings before Subcommittee No. 3, of the Committee on the Judiciary, House of Representatives, 92nd Congress, First Session on Corrections, Part II, Prisons, Prison Reform and Prisoners' Rights, California.Washington, DC: U.S. Government Printing Offce.

Brooks, A. W. (2013). Get Excited: Reappraising Pre-Performance Anxiety as Excitement, Journal of

Experimental Psychology. General, 143 (3), 1144–58.

Carney, D. R., Cuddy, A. J., & Yap, A. J. (2010). Power posing: Brief nonverbal displays affect neuroendocrine levels and risk tolerance. Psychological Science, 21, 1363-1368.

Cuddy, A. J., Wilmuth, C. A., & Carney, D. R. (2012). The Benefit of Power Posing Before a High-Stakes Social Evaluation. Harvard Business School Working Paper, No. 13-027, 1-18.

Argyle, M., Lefebvre, L., & Cook, M., (1974). The Meaning of Five Patterns of Gaze. European Journal of Social Psychology, 4(2), 125-136.

Wohltjen, S. & Wheatley. T. (2021). Eye contact marks the rise and fall of shared attention in conversation. Proceedings of the National Academy of Sciences, 118 (37), e2106645118.

Tamir, D.I. & Mitchell, J.P. (2012). Disclosing information about the self is intrinsically rewarding. Proceedings of the National Academy of Sciences, 109(21), 8038-8043.

expressed positive emotions broaden cognition, Cognition and Emotion, 24(2), 299-321.

Tatsuse T, Sekine M, & Yamada M. (2019). The contributions made job satisfaction and psychosocial stress to the development and persistence of depressive symptoms a 1-year prospective study. Journal of Occupational and Environmental Medicine, 61(3), 190–6.

Karasek Jr., R. A. (1979). Job Demands, Job Decision Latitude, and Mental Strain: Implications for Job Redesign. Administrative Science Quarterly, 24, 285-308.

Moser, J. S., Dougherty, A., Mattson, W. I., Katz, B., Moran, T. P., Guevarra, D., Shablack, H., Ayduk, O., Jonides, J., Berman, M. G. & Kross, E. (2017). Third-person self-talk facilitates emotion regulation without engaging cognitive control: Converging evidence from ERP and fMRI. Scientific Reports, 7(1), 1–9.

Wolpe, J., & Lazarus, A. A.(1966). Assertive training. In J. Wolpe & S. Lazarus, A. A.(Eds.), Behavior therapy techniques. New York : Oxford : Pergamon press.

【第3章】

坂井信之 (2009). 人は他人を服装によって判断しているか ?-TEGII を用いて先入観の形成を測定する -, 生活科学論叢 , 40,1-13.

Lefkowitz,M., Blake,R., & Moution, J. (1955). Status factors in pedestrian violation of traffic signals. Journal of Abnormal and Social Psychology, 51,704-706.

Carney, D. R., Colvin, C. R., and Hall, J. A. (2007). A thin slice perspective on the accuracy of first impressions, Journal of Research in Personality, 41 (5),1054-1072

Williams, L. E., & Bargh, J. A. (2008). Experiencing physical warmth promotes interpersonal warmth. Science, 322(5901), 606–607.

Asch, S. E. (1946). Forming impressions of personality. Journal of Abnormal and Social Psychology, 41, 258–290.

Grice, H. P. (1975). Logic and Conversation. In Peter Cole and Jerry L. Morgan, eds., Syntax and Semantics, Vol. 3, Speech Acts, 41–58, New York: Academic Press.

Carl N, Billari FC (2014) Generalized Trust and Intelligence in the United States. PLoS ONE, 9(3): e91786.

Sperber, D., &Wilson. D. (1995). Relevance: Communication and Cognition. 2nd Ed. Oxford: Blackwell.

Wiseman, R. (2003). The luck factor. London, UK: Random House.

【第4章】

Asch, S. E. (1951). Effects of group pressure upon the modification and distortion of judgment. In H. Guetzkow (ed.) Groups, Leadership and Men. 177-190, Pittsburgh, PA:

參考文獻

Nisbett, R. E., & Masuda, T. (2003). Culture and point of view. Proceedings of the National Academy of Sciences of the United States of America, 100, 11163-11175.

Latané´, B., & Darley, J. M. (1968). Group inhibition of bystander intervention in emergencies. Journal of Personality and Social Psychology, 10, 215-221.

Latané´, B., & Darley, J. M. (1970). The unresponsive bystander: Why doesn't he help? New York, NY: Appleton-Century-Croft.

Hunt, M. G., Marx, R., Lipson, C., & Young, J. (2018). No more FOMO: Limiting social media decreases loneliness and depression. Journal of Social and Clinical Psychology, 37, 751-768.

Riehm, K .E., Feder, K. A., and Tormohlen, K. N. (2019). Associations between time spent using social media and internalizing and externalizing problems among US youth. JAMA Psychiatry, 76, 1266-73.

Sumioka, H., Nakae, A., Kanai, R. & Ishiguro, H. (2013). Huggable communication medium decreases cortisol levels. Scientific Reports, 3, 3034.

【第6章】

小島奈々恵・大田麻琴・高本雪子・深田博巳 (2006). 恋愛における告白の成功・失敗の規定因 広．島大学心理学研究，6，71-85.

Zeigarnik, B. (1927). Über das Behalten von erledigten und uneredigten Handlungen. Psychologische Forschung, 9, 1-85.

Xie, E., Yin, Q., Li, K., Nastase, S.A., Zhang, R., Wang, N., & Li, X. (2021). Sharing Happy Stories Increases Interpersonal Closeness: Interpersonal Brain Synchronization as a Neural Indicator. eNeuro, 8 (6), 0245-21.

Wolf, W., & Tomasello, M. (2020). Watching a video together creates social closeness between children and adults. Journal of Experimental Child Psychology, 189, Article 104712.

Shiota, M. N., & Levenson, R. W. (2007). Birds of a feather don't always fly farthest: Similarity in Big Five personality predicts more negative marital satisfaction trajectories in long-term marriages. Psychology and Aging, 22, 666–675.

Gao, Z., Gao, S., Xu, L., Zheng, X., Ma, X., Luo, L., & Kendrick, K. M. (2017). Women prefer men who use metaphorical language when paying compliments in a romantic context. Scientific Reports, 7(1), 40871.

高木修・森川愛 (2010).・第２章 夫婦関係の維持・安定化を規定する要因の研究ー共感的役割遂行とその夫婦間衡平性に着目してー．現代社会における人間関係とリスク，37-57.

Tannen, D. (1990). You Just Don't Understand. New York: Ballantine Books.

【第7章】

Aronson, E., & Linder, D. (1965). Gain and Loss of Esteem as Determinants of Interpersonal Attractiveness. Journal of Experimental Social Psychology, 1, 156-171.

Palanica, A., & Fossat, Y. (2022). Effects of nature virtual backgrounds on creativity during videoconferencing. Thinking Skills and Creativity, 43,100976.

Winch, R. F.(1952). The Modern Family. New York, Henry Holt & Company, Inc.

Conti, M., Milani, S., Nowroozi, E., & Orazi, G. (2021). Do Not Deceive Your Employer with a Virtual Background: A Video Conferencing Manipulation-Detection System. ArXiv, abs/2106.15130.

吉村勲・友田泰行 (1993). 生理心理機能の統合的時系列解析による疲労判定に関する研究．人間工学，29(3), 167-176.

Umejima, K., Ibaraki, T., Yamazaki, T. & Sakai, K. L. (2021). Paper notebooks vs. mobile devices: Brain activation differences during memory retrieval. Frontiers in Behavioral Neuroscience, 15, 634158, 1-11.

國家圖書館出版品預行編目(CIP)資料

溝通大謬誤：科學剖析一般人對溝通方式的大誤解，並提出失敗原因與解決之道／堀田秀吾著；涂紋凰譯. -- 初版. -- 臺中市：晨星出版有限公司，2023.06
面；　公分. --（勁草生活；535）
譯自：世界の科学研究から導き出したコミュニケーションの大誤解
ISBN 978-626-320-437-9（平裝）
1.CST：溝通技巧　2.CST：人際關係
177.1　　112004418

歡迎掃描 QR CODE
填線上回函！

勁草生活 535

溝通大謬誤：

科學剖析一般人對溝通方式的大誤解，並提出失敗原因與解決之道

世界の科学研究から導き出したコミュニケーションの大誤解

作者	堀田秀吾
譯者	涂紋凰
責任編輯	許宸碩
校對	許宸碩、陳詠俞
封面設計	初雨有限公司（Ivy_design）
美術設計	張蘊方
創辦人	陳銘民
發行所	晨星出版有限公司 407台中市西屯區工業30路1號1樓 TEL：04-23595820　FAX：04-23550581 E-mail：service-taipei@morningstar.com.tw https://star.morningstar.com.tw 行政院新聞局局版台業字第2500號
法律顧問	陳思成律師
初版	西元2023年06月15日（初版1刷）
讀者服務專線	TEL：02-23672044／04-23595819#212
讀者傳真專線	FAX：02-23635741／04-23595493
讀者專用信箱	service@morningstar.com.tw
網路書店	https://www.morningstar.com.tw
郵政劃撥	15060393（知己圖書股分有限公司）
印刷	上好印刷股分有限公司

定價 390 元

ISBN 978-626-320-437-9